ROBERT BETZ

WERDE DER DU SEIN WILLST

Schlüssel-Gedanken für
ein neues Leben

Ein Wort zuvor

In den letzten Jahren begreifen immer mehr Menschen, dass wir nicht ohnmächtige Opfer unserer Lebensumstände sind, sondern dass wir unser Leben selbst in die Hand nehmen und es verändern können, um als glückliche, von Freude und innerem Frieden erfüllte Menschen zu leben.

Unser aller Leben begann im Zustand von Unfreiheit und Abhängigkeit von anderen Menschen, die meist selbst nicht glücklich waren. Als Kinder mussten wir uns anpassen an die Erwartungen von Eltern, Erziehern und Lehrern. Kaum jemandem von uns wurde gesagt: »Höre immer auf dein Herz und folge ihm!« oder »Liebe dich selbst, damit auch andere dich lieben können!«. Meist wurden wir ganz im Gegenteil dazu angehalten, es anderen Menschen recht zu machen und uns Wertschätzung und Liebe durch Leistung und Anpassung zu verdienen. Auf diesem Weg hat jeder von uns in frühen Jahren gelernt, sich selbst und andere zu verurteilen, sein Herz zu verschließen und sich mit seinen Mitmenschen in Unfrieden zu verstricken.

Die Krisen und Konflikte, die bei den meisten vermehrt im Alter von 35 bis 55 Jahren auftreten, wollen uns aus dem Schlaf der Unbewusstheit aufwecken. Auch die Menschen, die unsere »Knöpfe« drücken, wollen uns – ohne dass es Ihnen bewusst wäre – lediglich wachrütteln, wenn sie uns ärgern, enttäuschen, verletzen und unangenehme Gefühle in uns auslösen, die wir seit unserer Kindheit verdrängt haben.

In der Rüttel- und Schüttelbrettzeit, in der wir leben, wird uns alles, womit wir innerlich nicht im Frieden sind, wie auf einem Tablett präsentiert, mit der Aufforderung: »Bring jetzt Ordnung in dein Leben!« Das Leben erinnert uns daran, dass wir von Natur aus keine Opfer, sondern großartige Schöpfer und Gestalter unserer Lebenswirklichkeit sind. An jedem Tag schicken wir – auf meist unbewusste Weise – Tausende von unwahren und verurteilenden Gedanken in die Welt, mit denen wir Mangelzustände, Leiden und Krankheiten erschaffen. Die vielen Gedanken dieses Buches wollen dich auf deinem Weg in ein neues, verändertes Bewusstsein und Denken – und damit in ein glückliches Leben – begleiten. Sie sollen dich daran erinnern, dass du jeden Tag die Wahl hast zu entscheiden – bewusst oder unbewusst –, in welche Richtung dein Leben verlaufen soll und wer du sein willst: ein Mensch, der sich selbst und das Leben verurteilt oder liebt; ein Mensch, der das Leben als Kampf, als hart, ungerecht, als Schicksal empfindet oder als ein großartiges Schöpfungswerk, das er jeden Tag ein Stück schöner, liebevoller und lebenswerter gestalten kann. Natürlich reibt sich unser Verstand an manchen dieser Gedanken, denn er hat ja gelernt, in eine andere Richtung zu denken, und er klebt noch an zahlreichen alten Glaubenssätzen, die über viele Generationen bis zu uns weitergereicht wurden. Prüfe jeden Gedanken mit deinem Herzen auf Wahrheit und entscheide, ob du ihn übernehmen und leben willst.

Die Texte dieses Buches haben in den letzten beiden Jahren über 200 000 Leser meiner Facebook-Seite erreicht und ihre Sicht auf das Leben und auf sich selbst verändert. Viele fragten nach, wie wir diese Gedanken noch besser verinnerlichen und in gelebtes Leben umsetzen können. Hierzu dienen meine vielen Meditationen, mit denen wir unser Innenleben aufräumen, uns aus alten Verstrickungen lösen und insbesondere unsere Gefühle verwandeln lernen. Eine Auswahl von Meditations-CDs findest du im Anhang auf Seite 158.

Ich wünsche dir, dass du die Texte dieses Buches mit offenem Herzen liest und auf dich wirken lässt. Du kannst das Buch von vorne bis hinten durchlesen, am besten jeden Tag nur einen Text, der dich begleiten soll. Du kannst aber auch täglich spontan eine Seite aufschlagen. Dann wundere dich nicht, dass die Gedanken auf dieser Seite so gut auf deine persönliche Lebenssituation passen. Unser Leben ist eine Reise zu uns selbst, zu der Erkenntnis, wer und was wir wirklich sind. Mögen meine Gedanken dir gute Reisebegleiter und Wegweiser sein. Ich wünsche dir eine Reise in ein immer leichteres, schöneres und erfüllteres Leben in Frieden, Freude und Fülle.

Vom Segen dunkler Zeiten

So wie der Schmetterling zuvor lange im engen, dunklen Kokon saß, so brauchen auch wir die Zeiten der Dunkelheit, um neu geboren zu werden und unsere Flügel auszubreiten. So wie die Blumenzwiebel sich lange im Dunkeln aus dem Inneren nährt und wächst, bevor sie ihre Blätter der Sonne entgegenstreckt, so müssen auch wir uns in Liebe und Demut nach innen wenden, bevor wir unsere Flügel in Freude ausbreiten und rufen: **»Das hier bin ich! Ich liebe das Leben und das Leben liebt mich!«**

Breite deine Flügel aus und flieg

»Was glaubst du eigentlich, wer du bist?«, hat manch einer in seiner Kindheit gehört. »Wer bin ich denn schon?«, klingt es in vielen bis heute nach. Wir haben uns als Menschheit und als Individuum in Kleinheit, Scham und Unwürdigkeit hinuntergedacht und fühlen uns entsprechend. Von Natur aus ein Adler, empfindet sich der Mensch heute als Huhn, das sich freut, wenn es ein Körnchen findet, während es dauernd nach unten schaut.

Wende dein Gesicht nach oben zur Sonne, öffne dich der Unendlichkeit des Himmels, lass die Saat der Sterne am Nachthimmel in dein Herz und begreife: Das alles und noch viel mehr bist du! Du bist schöner als der Sternenhimmel, wertvoller als der teuerste Edelstein, dein Licht ist heller als die Sonne, denn du bist GÖTTLICH. Nur dein Verstand glaubt es (noch) nicht, denn er hat Angst vor deiner wahren Größe, um die dein Herz längst weiß.

Es nützt niemandem um dich herum, wenn du dich klein machst und dein Herz verrätst. Sobald du in deine wahre Größe gehst und treu und mutig deinem Herzen folgst, bist du das Licht der Welt. Ein Adler, der vergessen hat, dass er einer ist, muss sich kräftig schütteln, seine Flügel entdecken, sie ausbreiten – und aufsteigen.

»Ich will« statt »ich muss«

Jedes Mal, wenn du »ich muss«, »ich sollte« … denkst, erzeugst du Druck, Enge, Spannung, Stress und Erschöpfung. Es sind fremde Gedanken, mit denen wir bereits seit den Jahren der Kindheit und Jugend einen inneren Aufseher und Antreiber in uns heranzüchteten, der seinen von uns erhaltenen Auftrag absolut gut macht und ernst nimmt. Verurteile ihn also nicht dafür. Aber du kannst ihm diese Macht wieder nehmen, indem du ihm begegnest und deinen Auftrag zurücknimmst.

 Schreibe deine Muss- und Sollte-Sätze auf und frage dich, wie Byron Katie das in »The Work« vorgeschlagen hat, bei jedem Satz: »Wie reagiere ich, wenn ich diesen Gedanken jetzt denke?« Achte zunächst 1 Minute auf deinen Körper und seine Empfindungen. Du wirst erstaunt sein, wie er auf einen solchen Gedanken reagiert, wie es in dir eng, schwer und hart wird oder sich andere unangenehme Reaktionen zeigen.
Und jetzt fühle die Emotion, die hinter dieser Körperempfindung auftaucht, etwa Angst, Trauer, Ohnmacht, Wut.

Dein feinstofflicher Körper mit dem Herzen im Zentrum kennt die Wahrheit. Zieht dein Körper sich zusammen und wird eng, schwer, angespannt, heißt das: Dieser Gedanke entspricht nicht der Wahrheit deines Herzens. Dehnt sich dein Körper aus, wird er leichter, kannst du besser durchatmen, dann sagt dein Herz: Genau, dieser Gedanke entspricht meiner Wahrheit. Lebe ihn!

Wandle jedes »ich muss« und »ich sollte« um in ein »ich darf, ich will, ich habe LUST zu …« und prüfe mit dieser Übung, wie dein Körper und dein Herz hierauf reagieren.

Entscheide dich für ein Leben jenseits von Müssen und Sollen: *»Ich darf, ich kann und ich will das leben, was mein Herz zum Singen bringt.«*

Was stützt dich von innen, wenn die äußeren Sicherheiten wegbrechen?

Wer bist du und was bleibt dir, wenn du im Außen etwas verlierst, beispielsweise deinen Partner, deinen Arbeitsplatz, dein Haus, dein Geld, deine Gesundheit? Und wie reagierst du darauf?

Wir klammern uns an das Äußere und haben vergessen, dass wir von Natur aus ein spirituelles Wesen sind. Wenn du aus deinem Körper gehst, kannst du nichts mitnehmen außer das, was du erfahren und gelebt hast: deine Erfahrungen, die sich im Laufe deines Lebens in der Seele eingeschrieben haben.

Öffne dich dem Gedanken, dass das, was du wirklich bist, unsterblich ist. Dann verlierst du die Angst vor dem Sterben. Sorge vor allem für das »Königreich im Inneren«, für dein SELBST-BEWUSSTSEIN. Deine wahre Natur ist Licht und Liebe. Du bist durch und durch göttlich, unversehrt, heilig und ewig lebend. Sage dir und dem Leben:

»Ich bin bereit, mich zu erinnern, wer ich wirklich bin, und in meine wahre Größe zu gehen. Ich will mein ganzes Liebespotenzial entfalten.«

Ja zum Leben durch bewusstes Atmen

Atemfluss ist Lebensfluss. Wie du atmest, so lebst du. Wie du lebst, so atmest du. Setze dich öfter hin, schließe die Augen und atme tief, sanft und bewusst ein und aus. Stell dir beim Einatmen vor, dass Leben und Liebe in dich fließen wie ein kostbares Elixier, in alle Zellen hinein, bis in die letzten Winkel deines Körpers. Bewusstes Atmen kann ein Genuss sein.

Ausatmen heißt loslassen und vertrauen. Genieße beides und spüre, wie deine Zellen reagieren. Sage: *»Danke für das Leben in mir, für das unendliche Pulsieren, Vibrieren, Schwingen.«*

Wenn du eine Weile so bewusst und dankbar atmest, bemerkst du, dass nicht du es bist, der atmet. Das Leben selbst, Vater-Mutter-Gott atmet dich, du wirst geatmet. Du selbst entscheidest nur über tiefes oder flaches Atmen. Intensives, bewusstes Atmen heißt Ja sagen zum Fluss des Lebens. Alles in dir und deinem Körper will fließen, dein Atem, dein Blut, deine Lymphe, die Ströme in den Meridianen und noch vieles mehr.

Dein Ja zum Leben und zum Lieben entscheidet darüber, wie es in dir fließt und wie du mit dem Leben mitfließt. Wie du atmest, so lebst du, wie du lebst, so atmest du. Lass dich tragen vom Atem-Fluss des Lebens.

Aus Wunden werden durch Liebe Wunder

Wir alle haben in früher Kindheit unser Herz verschließen müssen, als es zu weh tat, immer wieder zurückgewiesen zu werden. Wir wurden kritisiert, als »nicht in Ordnung« und »nicht gut, brav, fleißig … genug« verurteilt. Als Reaktion übernahmen wir dieses Urteil der anderen und entzogen uns selbst unsere Liebe, Zuneigung und Wertschätzung. Diese Trennung von uns selbst verursacht bis heute den tiefsten Schmerz in uns und erzeugt als Folge in unserem Leben Mangel, Leid und Zurückweisung durch andere.

Wer sich selbst nicht respektiert, achtet und ernst nimmt, kann nicht damit rechnen, von anderen respektiert, geachtet und ernst genommen zu werden. Wer sich selbst nicht liebt und nur darauf hofft, dass andere ihn lieben, wird enttäuscht werden. Wer sich selbst verlassen hat und seinem Herzen untreu wurde, der muss damit rechnen, auch von anderen wieder verlassen zu werden, damit ihm diese alte, selbst zugefügte Wunde bewusst wird.

Ganz gleich wie hart die Erfahrungen deiner Kindheit waren: Mach dir bewusst, dass du dir selbst den größten Schmerz zugefügt hast, als du dich innerlich verlassen und von dir abgewendet hast. Das geschah unbewusst. VERZEIH dir das und entscheide dich neu.

Übernimm deine Schöpfer-Verantwortung und öffne dein Herz für jeden Schmerz in dir. Fühle ihn bejahend und durchlebe ihn bewusst. Hinter jedem Schmerz taucht dann ein Gefühl wie Wut, Trauer, Angst, Schuld oder Scham auf. Dieses Gefühl wartet wie dein Schmerz auf Verwandlung und Heilung. So werden aus Wunden Wunder.

»Die Liebe heilt jede Wunde. Die Liebe heilt alles.«

Vertraue dich dem Fluss des Lebens an

Je mehr du versuchst, dein Leben unter Kontrolle zu bekommen, desto anstrengender wird es werden. Öffne dich für das Vertrauen, dass du eine innere Führung hast, die zu dir über dein Herz spricht. Höre auf seine Stimme und unterscheide, was sich stimmig und was sich nicht stimmig anfühlt.

Vertrauen lernen wir nur in Phasen, in denen wir im Nebel stehen und nicht wissen, wohin der Weg führt. Wende dich in diesen Phasen nach innen und sage: *»Mein Herz, ich bitte dich um Führung. Ich vertraue dir.«*

Es ist die Liebe, die uns führt und uns Schritt für Schritt zeigt, wohin unser Weg führt. Das Bedürfnis zu kontrollieren kommt aus der Angst, das Vertrauen kommt aus der Liebe. Habe den Mut und die Demut, dich vertrauensvoll führen zu lassen – und dein Weg offenbart sich Schritt für Schritt.

Du hast die Macht über deine Gefühle

Wir glauben, unser Wohlergehen hinge vom Verhalten unserer Mitmenschen ab. Aber nicht das, was der andere tut oder nicht, ist entscheidend, sondern nur die Art, wie du mit deinen Gedanken, deinen Worten und deinen Handlungen darauf reagierst.

Reagierst du mit Anklage, Verurteilung, Angriff oder Verteidigung? Gibst du dir selbst die Schuld und fühlst dich beschämt? Was ein anderer sagt oder tut, hat keinerlei Macht über dich, wenn du es nicht unbewusst dazu benutzt, dich selbst zu verletzen.

Achte auf deine inneren und äußeren Reaktionen und erkenne, dass immer dann, wenn es dir nicht gut geht, dein inneres Kind reagiert, das sich selbst verletzt hat. Öffne dein Herz für die Gefühle, die du als Kind nie bejahend zu fühlen gelernt hast.

Über die Sucht, von anderen geliebt zu werden

In unserer Kindheit brauchten wir die Aufmerksamkeit von mindestens einem Menschen. Ein Kind will gesehen, bemerkt, angesprochen und berührt werden. Ohne dies kann es nicht überleben. Diese Aufmerksamkeit ist Nahrung und drückt sich in Liebe, Wertschätzung, Anerkennung, Lob und Bestätigung aus.

Da niemand von uns satt davon geworden ist, sondern sich oft kritisiert, herabgesetzt und beschämt fühlte, sehnt sich auch der Erwachsene noch nach dieser Aufmerksamkeit. Wir wollen es anderen recht machen, sie beeindrucken und von ihnen anerkannt, gelobt und geliebt werden. Dabei verraten wir unser Herz. Es ist die größte aller Süchte, die den äußeren Süchten zugrunde liegt.

In deinem Herzen weißt du, dass du ein wunderbares, göttliches Wesen bist, ausgestattet mit unendlicher Schöpferkraft und Liebe. Du wirst vom Leben, von Gott-Vater, Gott-Mutter unendlich geliebt und bist unendlich liebenswert.

»Schenke dir selbst die Liebe und Aufmerksamkeit, die du dir von anderen wünschst, und kümmere dich um dein Schöpferwerkzeug – um dich selbst.«

Kümmere dich um deine Gedanken, deine Gefühle, deine Worte, deine Handlungen, um die Qualität deiner Beziehungen und gestalte dein Leben synchron zur Stimme deines Herzens.

Suche Liebe nicht im Außen, sondern finde sie in deinem Inneren.

Dann liebst du dich selbst wie deinen Nächsten, denn dein Herz weiß: Wir alle sind aus der Liebe geboren, wir sind **EINS**. So entsteht der Frieden in dieser Welt – und die Süchte haben ein Ende.

Wir sind alle eins

Auch wenn es im Außen oft nicht so aussieht, kommen wir alle aus der einen Quelle, nenne sie Vater-Mutter-Gott, großer Geist oder die  **ALL-LIEBE**. In unserem Herzen ist diese Wahrheit und alles, was daraus folgt, vollständig enthalten. Unser Herz sehnt sich danach, dass wir uns wieder daran erinnern. Du kannst das nicht mit deinem Verstand beweisen. Du kannst es nur erfahren, wenn du dich dieser Wahrheit öffnest und danach lebst.

Jeder Mensch ist unsere göttliche Schwester oder unser göttlicher Bruder. Sie wissen es oft nur noch nicht. In diesen Jahren werden wir wieder zu dieser Erinnerung und zur bewussten Rück-Verbindung (religio) an unsere Quelle geführt. Je länger wir uns trennen vom anderen und von der Liebe zu uns selbst, desto schmerzhafter wird dieser Prozess werden.

Öffne deinen Geist und dein Herz für die Wahrheit, dass du – wie jeder Mensch – von deiner Natur her ein heiliges, göttliches, unschuldiges und ewiges Wesen bist, das früher oder später in das Gewahrsein der Göttlich-keit zurückkehren wird.

Denn sie wissen nicht, was sie tun – der Krieg gegen sich selbst

Der Mensch leidet nur an seinen eigenen Schöpfungen, aber erkennt sie nicht als solche. Durch unwahre Gedanken über dich, über das Leben und über deine Mitmenschen erschaffst du den Krieg gegen dich selbst, gegen deinen Körper und gegen dein Herz. In der Folge verurteilst du andere und die Umstände deines Lebens und machst dich zu ihrem »Opfer«. Durch die Unterdrückung deiner Gefühle und den Verrat am eigenen Herzen erschaffst du Krankheit und Konflikte. Du bist und bleibst aber Schöpfer und Gestalter deiner Lebenswirklichkeit durch dein Denken, Sprechen und Tun – aber du bist dir dessen nicht bewusst. Du weißt nicht, was du tust.

Dadurch kommst du an die Schmerzgrenze. Wenn der Schmerz und die Verzweiflung groß genug sind, hast du die Chance, aufzuwachen und zu erkennen, was du dir selbst angetan hast. Mögest du jetzt diese Gelegenheit erkennen und zurückkehren in das Bewusstsein deiner wahren göttlichen, ewigen **LICHT-LIEBE-NATUR** und Frieden machen mit dir, deiner Vergangenheit und deinen Mitmenschen.

Wer seine Schwäche liebt, gelangt zu wahrer Stärke

Wer innere Stärke finden möchte und mit Gelassenheit sowie innerer Ruhe durchs Leben gehen will, möge sein Herz für seine schwachen Seiten öffnen, besonders für seine Gefühle der Angst, Kleinheit, Wut, Ohnmacht, Scham und Schuld. Der Weg zur Stärke führt durch das bewusste Wahrnehmen und Annehmen dieser Energien und das bejahende Durchfühlen jener Emotionen. Wir haben sie in unserer Kindheit erschaffen und immer weiter genährt durch unsere uns selbst und die anderen verurteilenden Gedanken. Die innere Begegnung mit dem kleinen Mädchen oder Jungen in uns und mit den Schlüsselpersonen unserer Kindheit ist die Tür zu innerem Frieden. Der Weg zur Stärke führt über die Annahme der Schwäche – wie bei allen Polaritäten: durch den Unfrieden in uns zum Frieden im Außen; durch das Unfreie in uns zur Freiheit im Außen; durch die Unliebe in uns zur Liebe zum Nächsten. So weichen die harten Polaritäten auf und du findest deinen Frieden mit allen Aspekten in dir. Sage dir:

- *Ich bin stark und ich darf auch schwach sein.*
- *Ich bin ehrlich und ich darf auch unehrlich sein (denn niemand ist nur ehrlich).*
- *Ich bin mutig und ich darf auch Angst haben.*
- *Ich bin fleißig und ich darf auch faul sein.*

Der Kritiker verstärkt sein Opfer-Bewusstsein

Wer meint, seine Mitmenschen kritisieren zu müssen, ist noch nicht in der Liebe zu sich selbst angekommen. Die Liebe kritisiert nicht, sondern lässt den anderen so sein, wie er ist. Wenn sich in dir etwas reibt, stört, aufregt, dann spüre genau hin, welches Gefühl sich hier in dir meldet. Es ist dein Gefühl, von dir erschaffen, und es wünscht sich deine Annahme und Liebe, wie all deine Schöpfungen.

Wer andere verurteilt, der verurteilt immer einen Aspekt an sich selbst, den er noch nicht als zu ihm gehörig erkannt hat und liebt. Der Kritiker lenkt von sich selbst ab und verstärkt sein Opfer-Bewusstsein – und damit das Gefühl der eigenen Ohnmacht.

Wer seine Macht, also seine Schöpferkraft und Schöpferverantwortung, für sein Leben nicht übernimmt, der macht sich zum vermeintlichen Opfer von Menschen und Umständen.

»Verbinde deine Schöpferkraft mit der Liebe deines Herzens und du erschaffst eine neue Welt.«

Der Zauber des Anfangs

Ob am Anfang eines neuen Tages oder einer neuen Woche, öffne dich diesem Zauber, diesem Unbekannten am Morgen und gehe für mindestens 10 Minuten in die Stille. Atme 2 Minuten bewusst tief und sanft ein und fühle das Leben in dir. Und wenn du magst, sprich aus ganzem Herzen die Worte:

»Danke dafür, dass ich lebe, dass ich atme. Danke für diesen neuen Tag, der sich mir schenkt und mir zuruft: ›Mach das Allerbeste aus mir!‹ Ich öffne mich für alle Geschenke dieses Tages und nehme sie liebend und dankend an. Ich will heute bewusst und mit offenem Herzen durch diesen Tag gehen und mir selbst und allen Mitmenschen mit Liebe und Freundlichkeit begegnen.«

Jeder Tag ist einzigartig. Mit welchem Gefühl du abends ins Bett gehst, erfüllt oder erschöpft, dankbar oder bitter, das hast du selbst in der Hand – und in deinem Herzen.

Gib deinen Kampf auf und vertraue auf die Liebe

Wer kämpft, verletzt sich nur selbst und vertieft die eigene Wunde der Un-Liebe. Die Liebe kämpft nicht. Die Liebe versteht, fühlt mit, öffnet das Herz und erkennt das, wogegen wir in uns selbst kämpfen. Erkenne die Quelle deiner Wut, sie liegt in dir selbst. Solange wir unseren Selbsthass, unsere Scham, Schuld und Bitterkeit verleugnen, verlieren wir uns im Schattenboxen und erkennen nicht die Spiegel, die unsere Mitmenschen uns vorhalten.

Begegne dir selbst im Spiegel – und übe, dich selbst zu lieben:

Kauf dir einen Handspiegel und nimm dir täglich 10 bis 15 Minuten Zeit, um dir selbst in ihm zu begegnen. Halte mit dir Blickkontakt und atme dabei sanft und tief.

Während du dich anschaust, nimm deine Gefühle, deine Körperreaktionen und auch deine Gedanken wahr. Beobachte sie und denke nicht darüber nach. Sei ein atmender, fühlender Beobachter.

Öffne dein Herz für diesen Menschen, der dich anschaut, und bleibe in Kontakt. Öffne dein Herz für dich selbst. Schenke dir gegen Ende das schönste Lächeln und sag zu dir: »Du hast es so gut gemacht, wie du konntest. Ich bin stolz auf dich. Und ich liebe dich. Ich wünsche dir, dass dein Herz singt vor Freude.«

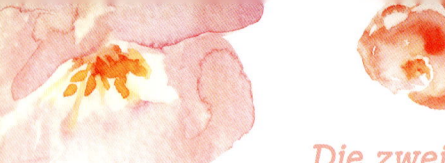

Die zwei Wege zur Freude

Wer zu wenig Freude in seinem Leben vorfindet, hat sich vermutlich noch nicht bewusst dafür entschieden, ein Leben der Freude zu führen. Da nur wenige unserer Eltern voller Freude gelebt haben, fehlt uns hierfür das Vorbild.

Der erste Weg zur Freude beginnt mit der Frage: »Mein Herz, was bringt dich zum Singen?« Gestehe dir die Freude zu und begreife, dass kein anderer für deine Freude oder Nicht-Freude verantwortlich ist. Erinnere dich daran, was dir schon einmal Freude bereitet hat oder was du immer schon mal machen wolltest, und entscheide dich, dies jetzt (wieder) in dein Leben hineinzunehmen. Besonders die scheinbar kleinen Dinge, der tägliche Spaziergang, eine Viertelstunde in der Sonne sitzen, deine Lieblingsmusik bewusst hören, eine Entspannungsmassage, dein Tagebuch, die bewussten Genusspausen mit einem Tee oder einem frisch gepressten Obstsaft. Dieses und viel mehr kannst du dir ab sofort gönnen.

Der zweite Weg zur Freude, der den ersten nicht ausschließt, heißt: Schau genau dorthin in dir und deinem Leben, wo die Freude nicht ist. Kümmere dich in Meditationen um deine Trauer, deine Wut, deine Angst und all die anderen Gefühle. Geh in die Gefühle hinein, allein oder in Begleitung eines Therapeuten, atme und fühle sie mit Liebe bejahend. Auf diese Weise kannst du all diese Gefühle in Freude verwandeln. Denn Freude gehört zu deiner Natur.

Mit dem Gefühl der Leere umgehen

Wenn Menschen nach innen gehen, die Augen schließen und gefragt werden, was sie gerade fühlen, sagen sie nicht selten: »Nichts. Da ist nur Leere.« Diese Leere ist jedoch ein wichtiges Gefühl (genauer gesagt eine Empfindung) in unserem feinstofflichen Körper, das darauf wartet, endlich bejahend gefühlt und zugelassen zu werden. In früher Kindheit haben viele von uns dieses Gefühl erschaffen, als wir unbewusst beschlossen haben: »Ich will das hier nicht mehr fühlen. Das tut mir zu weh!« Das war die Geburtsstunde der Leere, die uns damals dazu diente, Schmerz und Gefühle der Angst, der Trauer und andere nicht mehr fühlen zu müssen.

Wenn du das Gefühl der Leere kennst, dann nimm dir Zeit, um es des Öfteren bejahend zu fühlen. Lass es leer sein und verweile liebevoll fühlend in dieser Leere. Tu dies in dem Bewusstsein, dass diese Leere deine Schöpfung, dein »Baby« ist, das sich wie alle anderen Gefühle nach deiner Liebe sehnt. Durch deine Aufmerksamkeit und dein Ja zum Fühlen schenkst du ihm diese Liebe. Meditiere über die Leere und sag dabei: *»Ich bin jetzt bereit, die Leere in mir zu fühlen. Ich danke dir, denn du hast mir gedient. Du darfst jetzt da sein und ich öffne mein Herz für dich.«*

Dieser Weg durch die Leere hindurch führt dich wieder zur Fülle und zum Fühlen dessen, was die Leere damals verdecken sollte. Es ist der Weg zur Lebendigkeit.

Triff klare Entscheidungen
über deinen Weg

Setz dich in der Stille hin, bitte um die Führung deines Herzens, die Führung der Liebe. Schreib auf, worauf du dich in deinem Leben konzentrieren, welchen Weg du gehen willst. Was soll dir das Wichtigste sein? Welche Qualitäten willst du leben?

Dein bisheriges Leben, dein Körper, deine Beziehungen, dein Mangel oder deine Fülle zeigen dir, wofür du dich bisher, bewusst oder unbewusst, entschieden hast. Triff deine Wahl jetzt neu, wenn du mit dem Bisherigen nicht zufrieden bist. Schreib so lange, bis dein Herz dir sagt: *»Ja, genau dafür möchte ich leben. Ich will jemand sein, der … Das ist mein Wunsch und mein Wille. Und so sei es!«*

Übernimm jetzt bewusst die Autorenschaft über deinen Lebensweg, dann kannst du dich von Tag zu Tag mehr am Buch deines Lebens freuen. Wer willst du sein? Welche Energien willst du mit deinen Gedanken, Worten und Werken in die Welt geben?

Lieben oder Leiden?
Du hast die Wahl!

Wir entscheiden uns jeden Tag erneut für das Leben, das wir führen, für genau die Lebensqualität, die wir haben, für Mangel oder Fülle, für Liebe oder für Leiden. Die meisten tun das völlig unbewusst, weil sie sich ihrer Entscheidungskraft, ihrer Wahlfreiheit und ihrer Liebesnatur nicht bewusst sind.

Achte auf die **QUALITÄT** und Richtung deiner Gedanken. Trennst du dich durch sie von dir selbst, von deinen Mitmenschen, vom Leben, weil du verurteilst? Oder verbindest du, verstehst du, vergibst du und heilst die alten Wunden in dir? Denkst du dich hoch oder ziehst du dich mit deinen Gedanken hinunter? Denkst du dich anklagend zum Opfer der anderen, des Schicksals? Oder bist du bereit, in allem das Ergebnis deines eigenen Erschaffens zu sehen und hierfür in Liebe Verantwortung zu übernehmen? Sind deine Gedanken von Liebe genährt oder von Groll, Neid, Wut und Verurteilung? Jede Begegnung mit einem Menschen und jede Erfahrung des Tages ist eine Gelegenheit für dich, der zu sein, der du (bewusst) sein willst und der du von Natur aus bist: ein Mensch, der liebt. Mach dir diese vielen Gelegenheiten bewusst und fang an zu lieben und die Liebe zu leben.

27

Lass dich fallen, lass dich führen, lass das zu, was jetzt ist

Das Gefühl der Gelassenheit stellt sich ein, wenn du die Dinge zulässt, die jetzt da sind, im Außen wie in deinem Inneren. Etwas so annehmen, wie es jetzt ist oder erscheint, heißt Ja sagen, heißt den Gedanken »Das sollte jetzt nicht so sein!« LOSLASSEN.

Je eher du etwas annimmst und dem Leben vertraust, desto schneller kann es sich wandeln. Je länger du dagegen ankämpfst, desto weniger kann es sich verändern. Wenn du glaubst, viel tun zu müssen, weil der Druck da ist, etwas verändern oder um etwas kämpfen zu müssen, geh nach innen und sag dir: *»Alles, was jetzt da ist (innen wie außen), darf jetzt da sein, weil es da ist.«* Nimm den Druck raus und vertraue darauf, dass alles zu deinem Besten geschieht, und übe dich in Gelassenheit.

Geschehen lassen, sich fallen lassen, sich führen lassen … Wenn du immer wieder in diese Haltung des weiblichen Prinzips gehst, kann das Leben für dich arbeiten. Es öffnen sich Türen, die du in Stunden der Dunkelheit und Verzweiflung nicht sehen konntest.

Bleib bei dir!

Wenn dich jemand oder etwas aufregt und du versuchst bist, darauf spontan ärgerlich zu reagieren, dann sag zu dir selbst: »Bleib bei dir!« Sei ganz still und atme ein paar Mal tief durch, spüre deine innere Unruhe und sag dir dann: *»Ich bleibe bei mir und ich bin bereit, das bejahend zu fühlen, was der andere oder das Ereignis in mir ausgelöst hat.«* Das, was du fühlst, gehört zu dir und wartet auf deine Annahme und Liebe. Fühle es bejahend und sag: *»Ich öffne mein Herz für alle Energien in mir, für meine Unruhe, meinen Ärger, meine Angst …, und bin jetzt bereit, euch zu fühlen.«*

⚓

Feiere das Wieder-Erblühen auf Mutter Erde

Nach dem Winter treibt Mutter Erde im Frühling machtvoll ihre Blüten aus, die Vögel geben am Morgen ein herrliches Konzert und die Sonne strahlt immer kraftvoller. Als Teil der Natur werden auch wir jetzt angetrieben, um die in uns liegenden Kräfte zum Blühen zu bringen und unser Energiekleid, unseren feinstofflichen Körper,

zu nähren und ihn erstrahlen zu lassen. Die Liebe will jetzt stärker durch unsere Herzen fließen, so wie der Saft in den Bäumen, und uns zu einem neuen strahlenden Mensch-Sein führen.

Was später als Blüte erstrahlt, hat sich viel Zeit genommen und die Kräfte im Inneren gesammelt. So ist es auch beim Menschen. Wer nach innen geht, in die Stille des Mit-sich-allein-Seins, und wer dem einfachen Dasein, dem Nichttun Platz einräumt, wer sich in seinem Herzen mit dem Herzen seiner Quelle, mit Vater-Mutter-Gott verbindet, der wird unendlich genährt und er wird vorbereitet auf das, was vor uns allen liegt: ein großer Aufbruch der Menschheit in ein neues Leben und Lieben.

Geh in die Natur, lass deine nackten Füße das Gras spüren und lass deine Wurzeln in Mutter Erde wachsen. Schau nach innen und beobachte, wie die Strahlen der Sonne deine Zellen höher schwingen und jubeln lassen, weil jede nach hoher Schwingung strebt. Öffne dein Herz für die Freude im Augenblick und danke deinem Körper, der dir treu gedient und immer sein Bestes gegeben hat. Genieße dich und dein MENSCH-SEIN im Frühlingsjubel der Natur. Denn für dich, den Menschen, erblüht das alles. Erblühe auch du!

Bring jetzt Ordnung in dein Leben

Räume nicht nur in deinen Schränken, deinem Keller und in deinen Unterlagen auf. Schaffe Ordnung, Klarheit und Frieden in dir selbst, in deinen Gedanken, deinen Gefühlen, in deiner Beziehung zu dir selbst und zum Leben. Die Unordnung in unseren Partnerschaften, Firmen und anderen Gemeinschaften ist nur ein Ausdruck der Unordnung in uns. Wir tragen Unfrieden, Unklarheit und Lieblosigkeit zu uns selbst dort hinein und schaffen so kollektive Unordnung. Ordnung ist das erste Gesetz des Himmels. Und dein Herz ruft dir zu: »Erschaffe jetzt das Königreich des Himmels in dir. Erinnere dich, wer du bist. Höre auf mich und folge meiner Stimme.« Öffne dein Herz für alle Unordnung, die du erschufst, vergib dir und kläre deine »Baustellen« mit Liebe.

In welche Richtung bewegst du deine Firma, nach oben oder nach unten?

An jedem Morgen kommen Frauen und Männer an ihren Arbeitsplatz, bepackt mit einem Sack voller negativer Energie, die sie in der Vergangenheit angesammelt und erschaffen haben: Sie glauben an viele unwahre, verurteilende Gedanken, haben unterdrückte Gefühle, Verstrickungen mit Personen aus ihrer Vergangenheit und Blockaden im Energiefluss ihres Körpers. Diese meist ungeordneten Energiesysteme führen zu Unordnung, Disharmonie und Konflikten im Gesamtsystem einer Firma.

Was bringst du mit an deinen Arbeitsplatz? Ist es die Freude an der Arbeit, die Wertschätzung gegenüber deinen Kollegen und Vorgesetzten, die Liebe zu dir selbst, die Bereitschaft, dein Herzblut in den Energiekreislauf einer Gemeinschaft, in deine Firma, einzubringen? Gehst du vor allem deshalb zur Arbeit, um Geld zu verdienen oder damit du mit anderen etwas **SINNVOLLES** machst?

Jeder Mitarbeiter, nicht nur eine Führungskraft, verändert eine Firma jeden Tag in Richtung Erfolg oder Misserfolg, Harmonie oder Disharmonie, Verbindung oder Trennung. Was ist dein Beitrag?

Lebe dein eigenes Leben – sei du selbst und höre auf, dich zu verbiegen

Wir werden alle als Originale geboren, aber die meisten sterben als Kopie der anderen, an die sie sich angepasst haben im Laufe ihrer Erziehung zum Normalmenschen. Dieser tut, was »man« tut, und er unterlässt, was »man« nicht tut, aus Angst, zurückgewiesen, ausgegrenzt und verurteilt zu werden.

Das Kind in uns möchte dazugehören und von anderen geliebt werden, weil es glaubt, die Liebe von anderen zu brauchen, um zu überleben. Nimm dein inneres Kind an die Hand und sag ihm, dass die Zeit vorbei ist, als das zum Überleben notwendig war.

Höre jetzt auf, faule Kompromisse zu machen und dich zu verbiegen, sonst zeigt es dir dein Körper an der Wirbelsäule und an den Gelenken. **AUFRICHTIGKEIT** zu dir selbst ist die Voraussetzung dafür, dass du geschmeidig, leicht und aufrecht gehst, mit den Füßen fest auf Mutter Erde und mit klarem Kopf Richtung Himmel.

Hör auf, es anderen Menschen recht machen zu wollen, und steh zu dem, was du bist und was dein Herz möchte. Nimm dir Zeit, um dich auf das zu besinnen, was du eigentlich nicht leben willst, und darauf, was dein Herz wirklich will. Komm zur Ruhe, komm zu Sinnen und gönne dir eine Zeit des Nichttuns, des Einfach-mit-dir-seins.

Unser Leben ist eine Reise zu uns selbst

Mit jedem Schritt, bei jeder Begegnung, an jedem Tag triffst du auf Türen der Gelegenheiten, die dir zurufen: »Öffne mich, geh durch mich hindurch und erfahre mehr über dich.« Bei jeder Tätigkeit, ob ich das Haus putze oder am PC sitze, kann ich mich fragen: »Mache ich das hier bewusst, mache ich es mit Liebe und Achtsamkeit, bin ich selbst dabei?« Mach die Dinge nicht unbewusst. Sei mit all deinen Sinnen dabei und dehne dich jeden Tag aus.

Unser Weg durch das Leben ist eine Reise zu uns selbst, in das Gewahrsein eines Wesens mit unendlich viel Wissen, Weisheit und Liebe. Dieser Schatz kann sich dir nur Facette um Facette, Stufe um Stufe offenbaren. Würde uns mit einem Schlag gezeigt, wer wir wirklich sind, würde unser feinstofflicher Körper dies nicht aushalten.

Geh in die Haltung des Beobachters

Die ersten Schritte zur Veränderung heißen: wahrnehmen und beobachten – und das Wahrgenommene annehmen. Denn was auch immer in deinem Leben und in deinem Körper geschieht, es wünscht sich deine Aufmerksamkeit und will dir etwas mitteilen. Wir haben uns aber daran gewöhnt, alles Unangenehme wegmachen zu wollen. Wir lehnen es meist ab, bekämpfen, ignorieren und verurteilen es. In allem steckt jedoch eine Botschaft, ein Sinn, den wir erst dann begreifen, wenn das, was da ist, erst einmal da sein darf.

Solange wir in der ablehnenden Haltung gegenüber dem, was ohnehin da ist, feststecken, verstärken wir das Unangenehme und verhindern, dass es sich verändern kann. Unsere Neins verstärken unsere Mangel- und Leidenszustände und machen unser Leben so anstrengend. Was du ablehnst, das ermächtigst du.

Dein JA zu dem, was jetzt da ist, und deine mit innerem Abstand beobachtende und mit ganzem Herzen bejahend fühlende Haltung öffnen den Weg zur Veränderung. Ein Nein blockiert den Weg zur Veränderung und hält dich im Bewusstsein eines armen Opfers anderer Menschen oder des vermeintlichen Schicksals gefangen.

Wahrnehmen: Werde in einem ersten Schritt zum Beobachter dessen, was da ist, und sag dir: »Interessant, was sich da zeigt in meinem Leben, in meinem Körper!« Solange du nur »Scheiße!« oder »Schrecklich!« oder »Fürchterlich!« rufst, gelingt es dir nicht, etwas daran zu ändern.

Annehmen: Der zweite Schritt ist zu sagen: »Alles in mir, in meinem Leben darf jetzt da sein! Ich bin bereit, es mir anzuschauen und zu fühlen, was es in mir auslöst.«

Schreib alles auf, wozu du jetzt in deinem Leben, in deinem Körper, deiner Partnerschaft, an deinem Arbeitsplatz Nein sagst.

Unbewusste Schöpfung führt zu Er-Schöpfung

An jedem Morgen steht mit dir ein Schöpfer auf und der Tag und das Leben rufen dir zu: »Schöpfe aus mir, großer Schöpfer, und erschaffe und gestalte dein Leben! Du bist der Künstler, mach ein Kunstwerk, etwas sehr Schönes aus mir!«

Du kannst nicht anders als erschaffen; hierin hast du keine Wahl. Du hast nur die Wahl zwischen bewusstem und unbewusstem Erschaffen. Solange du dich als Schöpfer und Gestalter deiner Lebenswirklichkeit ignorierst und unbewusst, ohne Freude und ohne Liebe zum Leben, zu dir und zu deinen Mitmenschen erschaffst, erschöpfst du dich und brennst innerlich aus.

Du tust zwar viel von morgens bis abends, aber es macht für dein Herz keinen Sinn, weil du entweder glaubst, es tun zu müssen, oder weil du es tust, um etwas zu bekommen (Geld, Anerkennung …). Du tust es nicht, weil es dein Herz mit Freude erfüllt und es zum Singen bringt.

Entscheide dich dafür, ein bewusster, liebevoller, achtsamer Schöpfer deiner Lebenswirklichkeit zu werden. Kehre immer wieder zu dir selbst, zur Stille in deinem Innersten zurück und sei einfach da, bei dir und mit dir. Sonst erschaffst du Zustände und Ereignisse, die dir nicht guttun, und du verlierst dich in sinnlosem Tun.

Dein Arbeitsplatz – der Ort für dein persönliches Wachstum

An unserem Arbeitsplatz verbringen wir mehr Zeit als im Bett oder mit unseren Lieben im Privaten. Wir begegnen vielen, manchmal Hunderten von Menschen persönlich oder am Telefon. Diese Begegnungen sind die besten Gelegenheiten, dich selbst zu erfahren, zu verstehen und dich zu einem liebenden Menschen zu entwickeln. Entscheide dich, wer du an deinem Arbeitsplatz sein willst: Ein Mensch mit offenem Herzen und offenen Ohren? Bist du jemand, der sich mit anderen im Herzen verbunden fühlt (weil er weiß, dass jeder seine göttliche Schwester oder sein göttlicher Bruder ist)? Oder bist du jemand, der sich trennt und andere ausgrenzt? Jemand, der liebt, oder jemand, der verurteilt? Jemand, der tratscht und Gerüchte verstreut über die angeblichen Schwächen und Fehler der anderen? Jemand, der das »Opferspiel« mitmacht von »denen da oben« und »uns hier unten«, oder jemand, der mit liebendem Herzen zu einem Klima des Friedens und des freudigen Miteinanders beiträgt? Jeder Kollege, jede Vorgesetzte, jeder Kunde und Lieferant, die Briefträgerin ebenso wie das Vorstandsmitglied – sie alle sind wie du auf einer ERFAHRUNGSREISE zu sich selbst. Sie sind alle – ohne Ausnahme – Wesen der Liebe, auch wenn sie das noch nicht wissen. Ihr Herz weiß es und dieses Herz reagiert auf deine Liebe. Entscheide dich, wer du an deinem Arbeitsplatz sein willst.

Wer Geld für etwas Schlechtes hält, darf sich nicht wundern, dass es ihm nicht zufließt

Was denkst du über Geld, über materiellen Wohlstand und über die, die mehr haben als andere? Viele haben schon in der Kindheit gelernt zu glauben: »Geld ist schlecht. Geld verdirbt den Charakter. Geld stinkt. Geld ist das Übel dieser Welt.« Aus dieser ablehnenden Haltung erzeugen wir unbewusst Mangelzustände.

Geld ist eine Energie, die neutral ist wie ein Küchenmesser. Damit kannst du jemanden umbringen oder Kartoffeln schälen. Geld kannst du geizig horten oder viele sinnvolle Dinge damit finanzieren. Geld will fließen wie alle Energien. Dein trennendes, also verurteilendes Denken dem Geld, dir selbst, anderen Menschen und dem Leben gegenüber ist der erste Verursacher von Mangelzuständen. Wer Arbeit, Kreativität, sich selbst, seine Mitmenschen und das Leben wertschätzt und liebt und sich von den übernommenen Glaubensmustern seiner Herkunft und des Massenbewusstseins löst und sich stattdessen für ein neues Denken entscheidet, der kann in den Fluss des Lebens mit all seinen Geschenken kommen und Wohlstand erzeugen, zu seinem eigenen und zum Wohl aller.

Öffne dich mit deinem Geist und deinem Herzen für die ganze Fülle des Lebens: für Fülle und Erfüllung auf den Ebenen von Geist und Materie, für ein von Freude, Liebe und Mitgefühl erfülltes Herz. Werde zu einem Menschen, der mit Freude seine Gaben in die Welt gibt, in Liebe zu sich und zu seinen Mitmenschen.

Sprich aus deinem Herzen:

»Ich öffne mich für alle Geschenke des Lebens und nehme sie liebend und dankend an. Und ich mache das Allerbeste daraus, zu meinem Wohl und zum Wohl aller. Danke. Danke. Danke.«

Schenke dir selbst,
was du von anderen erwartest

Schreib in Ruhe auf, was du dir alles von deinen Nächsten, deinem Partner, deinen Kindern, deinen Freunden, Kollegen, Vorgesetzten … wünschst. Dann frag dich: »Gebe ich mir das eigentlich selbst?« Wir erwarten von anderen oft etwas, das wir uns selbst vorenthalten. Schenke dir selbst Liebe, Lob, Wertschätzung, Vergebung, Zuhören, Freude, Zeit, Raum, Stille, Blumen und andere Geschenke. Nimm dich selbst in die Arme und sag: *»Ich habe meine Liebe verdient. Ich liebe mich und gehe jeden Tag liebevoller, sanfter und geduldiger mit mir um.«*

Das Leben kann dich nicht besser behandeln, als du es selbst tust. Frage dich: Wie behandle ich mich? Wie gehe ich den ganzen Tag über mit mir um? Bist du liebevoll, geduldig, freundlich, unterstützend, ermutigend zu dir? Wie denkst du über dich? Was fühlst du dir gegenüber? Machst du es dir nach Möglichkeit leicht? Ehrst und würdigst du dich selbst? Lobst du dich für deinen Weg? Wie gehst du mit deinem Körper um? Machst du viele Pausen? Wie oft gönnst du dir Entspannung, Abhängen, Ausruhen? Feierst du den Feierabend? An dieser Art, dich selbst zu behandeln, kannst du erkennen, warum du auch von anderen und damit vom Leben nicht viel besser behandelt wirst. Beides hängt eng zusammen. Wer sich selbst lieblos behandelt, auf dessen Stirn steht geschrieben: »Ich habe es nicht besser verdient.«

Erschaffe
Gemeinschaften der Liebe

Verbinde dich mit Menschen, die sich wie du nach
liebevollen, nährenden Gemeinschaften sehnen und
freudig das Mensch-Sein feiern wollen. Stifte Gemeinschaft, indem du etwa am Wochenende etwas anbietest und
dazu einlädst: zu einer Wanderung, einem Essen, einem Spiel,
einem Film, einem Tanzabend, zu gemeinsamem Singen,
Laufen, Massieren, Saunieren oder Meditieren. Ich selbst
verbinde sehr gern körperliches und seelisches Nähren, zuerst eine Stunde gemeinsam meditieren und
anschließend gemeinsam essen und trinken:
Meditieren & Schnabulieren.

Du kannst nichts
wirklich Wichtiges verpassen

Jeder Tag bietet dir unendlich viele Ereignisse, Veranstaltungen und Gelegenheiten, dies oder jenes zu tun, an diesem oder jenem teilzunehmen – ob im TV, im Internet, im Kino, Theater, Konzert, im Vortrag oder in einem anderen Event … du bekommst ein riesiges Buffet angeboten. So gesehen »verpasst« du täglich 99,99 Prozent aller Ereignisse und Möglichkeiten.

Deshalb denken viele unbewusst: »Ich könnte etwas verpassen!« Dieser Gedanke, zusammen mit anderen wie »Ich habe zu wenig Zeit«, »Ich muss schnell …« erzeugt in uns das Gefühl von Hetze, Druck und Stress, von Getriebensein und innerer Unruhe.

Wenn du Stress und Unruhe in dir spürst, halte inne, setz dich hin oder fahre – wenn du im Auto bist – auf den nächsten Parkplatz, schließe die Augen und fühle, was gerade in deinem Körper und in deinen Gedanken los ist. Komm für ein paar Minuten zur Ruhe und werde zum bejahend fühlenden Beobachter. Sag dir: *»Alles in mir darf jetzt da sein. Ich bin bereit, es zu fühlen.«* Was du jetzt fühlst, ist deine eigene Kreation.

Geh dann mit deiner Aufmerksamkeit zu deinem Herzen in der Mitte deiner Brust (deinem eigentlichen Herzen im Feinstofflichen, das kein Chirurg finden kann) und frage dich: »Was könnte ich jetzt neu entscheiden?« (vielleicht einen Termin absagen, einen Abend mit deinen Kindern verbringen, einen Spaziergang machen, deinen Fernseher oder das Internet auslassen, ein Bad nehmen oder dir eine geführte Meditation gönnen …) Du kannst immer wieder neu wählen und du kannst nichts wirklich Wichtiges verpassen.

Unser Lächeln ist die Brücke der Liebe

Wenn du jemanden triffst, dessen Lächeln dich berührt, einen Menschen, der mit Freude arbeitet und gelassen und im Frieden mit sich durch seine Tage geht, sag ihm, dass dir das an ihm gefällt. Wenn du das noch nicht so kannst wie er, dann frag ihn, wie er das macht.

Wenn du selbst schon lächelnd durch dein Leben gehst, danke diesem Menschen für die schöne Energie, mit der er die Welt beschenkt. Stell ihm dieselbe Frage und schau, ob er aus derselben Quelle schöpft wie du, aus der Quelle der Liebe.

Schenke dein Lächeln denen, die noch nicht lächeln, und schau ihnen bewusst für einen Augenblick in die Augen. Wenn sie nicht zurücklächeln, wünsche ihnen Segen und Frieden im Herzen. Unser Lächeln ist die Brücke der Liebe. Es verbindet, gibt Hoffnung und bringt Licht in die Dunkelheit.

Bring Licht und Liebe in die dunklen Bereiche deines Lebens

Besinne dich darauf, welche Phase deines Lebens, in der es dir schlecht ging oder in der du sehr Schmerzhaftes erfahren hast, du bis heute verdrängt und in dir verschlossen hast, weil es damals so wehtat. Geh in einer Meditation noch einmal dorthin und entscheide dich mutig dazu, die damals verdrängten Gefühle jetzt zu fühlen. Als Vorbereitung kannst du vorher alles aufschreiben, was du damals gedacht und gefühlt hast.

Geh zu den dunkelsten Stunden deines Lebens zurück, die bis heute wie blinde Flecken auf dein Licht, deine Aufmerksamkeit und deine Liebe warten. Du hast sie (äußerlich) überlebt, aber innerlich blockieren sie noch heute den Fluss deiner LEBENSENERGIE, weil du dich damals von deinen Gefühlen abgeschnitten hast mit Gedanken wie: »Das halte ich nicht aus!« Taue die oft »schockgefrorenen« Gefühle jetzt durch deine Liebe und dein bejahendes Fühlen auf und lass die Tränen fließen, die damals nicht fließen konnten. So bringst du Weichheit in die Verhärtungen, die Seele und Körper belasten.

Jeder Mensch ist Schöpfer und Gestalter seiner Lebenswirklichkeit

Wir erschaffen unsere Lebenswirklichkeit meist völlig unbewusst durch unsere Gedanken, unsere Worte und unsere Handlungen, die wir täglich in die Welt schicken. Frage dich: »Welches Gefühl löst dieser Gedanke in mir aus?« Ist es vielleicht ein Gefühl der Schuld, der Scham oder des Versagens? Oder ist es ein Gefühl von Frustration und Trauer? Nimm dir Zeit für dieses Gefühl, lass es zu und schiebe es nicht weg, sondern fühle es bejahend.

Je eher du bereit bist, die Verantwortung für dein bisheriges Erschaffen zu übernehmen, desto schneller gewinnst du die Macht und Handlungsfähigkeit, um dein Leben zu ändern. Wir übernehmen die Verantwortung, indem wir zu uns sagen: *»Ja, ich öffne mich dem Gedanken, dass ich selbst es war, der dieses Leben erschaffen hat.«* Wie stark ist deine Bereitschaft, für alles, was du heute in deinem Leben vorfindest, deine Schöpfer-Verantwortung zu übernehmen?

Mach Frieden mit deinen »Arsch-Engeln«

Die meisten Menschen geben die Schuld an den Mangelzuständen ihres Lebens anderen Menschen, bestimmten Ereignissen oder dem sogenannten Schicksal. Sie sollen für das Scheitern ihrer Beziehung oder Ehe, für ihre Schulden, ihre Krankheit oder für den ausgebliebenen Erfolg verantwortlich sein. Dadurch erzeugen sie Ohnmacht und Handlungsunfähigkeit.

Auf wen hast du bisher die Verantwortung geschoben für die Mangelzustände und die sogenannten Misserfolge deines Lebens? Liste all die Menschen oder Umstände auf, die dir einfallen. Schreibe jedem in einem Brief – den du nicht abschickst, sondern verbrennst –, was du ihm vorwirfst, und drücke hierbei all deine Gefühle aus. Spüre deine Wut, Ohnmacht, Trauer, Neid oder Eifersucht, fühle sie bejahend und finde für sie in deinem Brief die richtigen Worte.

Antworte auf die Beschleunigung im Außen mit Entschleunigung im Inneren

Im Außen scheinen viele Dinge, viele Prozesse seit Längerem immer schneller abzulaufen, sei es durch die rasanten technischen Entwicklungen und Entdeckungen, sei es durch die Erwartung und Forderung an uns, eine Arbeit oder ein Projekt immer schneller zu erledigen und sich um viele Dinge gleichzeitig zu kümmern. Druck, Stress und Hektik nehmen bei vielen Menschen zu und führen zum Gefühl der Überforderung und Erschöpfung. Das zu beklagen führt uns nicht weiter, sondern macht uns zum ohnmächtigen Opfer einer scheinbar übermächtigen Außenwelt.

Denn der meiste Druck und Stress entsteht ursächlich nicht durch die Vorgänge im Außen, sondern durch unseren eigenen unaufgeräumten Zustand im Inneren, durch den Druck, den wir uns selbst machen, durch innere Unrast und Unzufriedenheit, durch Ablenkung mit unwichtigen Dingen, durch Unordnung und Unklarheit darüber, was das Wesentliche in unserem Leben sein soll. In unserer Außenwelt spiegelt sich die Qualität unserer Innenwelt.

Nimm dir in deiner Nicht-Arbeitszeit mehr und mehr Zeit für dich
selbst, werde langsamer, gönne dir Minuten und Stunden der
Muße, besonders am Morgen, am Abend und am Wochenende.
Stell den Fernseher ab, lass den PC aus, stell dein Handy ab und
prüfe die Qualität von allem, womit du deine Zeit verbringst.
Frage dich: »Nährt mich das? Tut mir das wirklich gut? Wie geht
es mir danach?« Werde langsamer und bewusster im Umgang mit
dir und konzentriere dich auf dein Inneres. Geh in die Natur und
tu nichts, sondern sei da, für dich und mit dir. Besinne dich auf
das Wesentliche, auf dein Inneres, und lausche auf die Stimme
deines Herzens.

Sei dir selbst in Freundschaft verbunden

Als Kind übernehmen wir die Urteile anderer über uns und verurteilen uns selbst. Frage dich, am besten mit Papier und Stift in der Hand: Wofür haben mich die anderen, Mutter, Vater, Geschwister, Lehrer …, immer wieder kritisiert? Was haben sie an mir nicht gemocht und abgelehnt? Wofür bin ich als Kind öfter bestraft, vielleicht sogar geschlagen worden? Was haben sie versucht, mir abzugewöhnen? Wann war ich für sie »in Ordnung«? Schreib all deine Erinnerungen hierzu auf, Punkt für Punkt das, wofür du kritisiert, abgelehnt, bestraft, heruntergeputzt worden bist.

Dann frag dich: »Und was davon lehne ich heute selbst an mir ab? Was mag ich an mir selbst nicht? Welche Gefühle, welche Eigenschaften, welche meiner Verhaltensweisen will ich nicht haben? Mit was an oder in mir liege ich im Krieg?«

Übernimm jetzt die Verantwortung für dieses harte Verhalten dir selbst gegenüber, versteh, dass du nicht anders konntest, verzeih dir und fasse den Entschluss, dich selbst jetzt zum ersten und wichtigsten Liebespartner zu machen.

»Sei dir selbst der beste Freund, die beste Freundin, die du dir sein kannst.«

Wie du über das Leben denkst, so antwortet es dir

Deine von dir erfahrene Lebenswirklichkeit muss sich nach deinen Gedanken und Glaubenssätzen über das Leben ausrichten. Welche Sätze äußerten deine Eltern in deiner Kindheit über »das Leben«? Du hast sie unbewusst übernommen, dein Leben spiegelt dies heute wider, falls du sie dir nicht bewusst gemacht und dich entschieden hast, neu über das Leben zu denken.

Wer denkt und glaubt, »das Leben ist schwer«, der kann auch morgen nicht mit einem leichten Leben rechnen, denn: Dir geschieht nach deinem Glauben. Das Leben kann sich nur deinem Bewusstsein entsprechend entfalten. Wenn du glaubst, »das Leben ist ein Kampf«, dann schickt dir das Leben vermeintliche Gegner, damit du was zu kämpfen hast. Wenn du glaubst, »im Leben bekommt man nichts geschenkt«, dann kreierst du Mangel und Bitterkeit.

Wie wir das Leben bisher erfahren haben, ist sowohl unser individuelles wie gemeinschaftliches Schöpfungswerk. Dieses Bild vom Leben hat nichts mit seiner Natur zu tun. In Wirklichkeit will dich das Leben nur beschenken: Du wirst vom Leben – und das ist Gott-Vater, Gott-Mutter – unendlich geliebt.

Jedes Problem ist eine Tür
in Richtung Freiheit

Wenn du ein sogenanntes Problem hast, nenne es nicht weiter ein Problem. Erkenne es an als ein sinnvolles Thema oder als Aufgabe oder als eine Gelegenheit zu wachsen, die sich dir jetzt bietet. Solange du sagst: »Ich habe ein Problem«, kommst du der Lösung nicht näher, sondern verstärkst das Problem eher.

Erforsche den Kern des Themas, etwa Selbstabwertung, Opferrollenspiel, Perfektionismus, Kampf gegen etwas, Unversöhnlichkeit, Vermeidung von …, und bitte dein höchstes Selbst um Führung. Dann sag: »Du (mein Thema) und du (das Gefühl, das dieses Thema in dir auslöst) darfst jetzt da sein.« Die meisten Themen wollen dich mit einem Gefühl konfrontieren, das du bisher zu fühlen abgelehnt hast. Je eher du deine SCHÖPFERVERANTWORTUNG für ein Thema erkennst und es liebevoll untersuchst, etwa in Besinnung, in Meditation oder im Gespräch mit einem lieben Menschen, desto schneller erkennst du den Weg zu deinem nächsten Wachstumsschritt.

Wenn wir unsere Themen, die unsere eigenen Schöpfungen sind, nicht anschauen, sondern sie verdrängen oder anderen die Verantwortung dafür geben, verstärken wir das Leiden um ein Vielfaches.

Wer sich für andere aufopfert, geht leer aus

Gehörst du auch zu den Menschen,
die viel für andere getan haben
und noch immer tun? Liegt dir das
Wohlergehen deines Kindes oder deines
Partners oder deiner Eltern mehr am Herzen
als dein eigenes Wohlergehen? Frag dich ehrlich:

- »Wie viel tue ich für andere und wie viel tue ich für mich selbst in meinem Leben?«
- »Wenn ich für andere tätig bin, wie fühle ich mich dabei? Erfüllt mich das wirklich mit großer Freude und geht es mir gut dabei? Erfüllt mich das Beschenken anderer oder mein Dienen selbst mit Freude oder tue ich es, um etwas zu bekommen? Verbinde ich es mit Erwartungen?«
- »Was genau verspreche ich mir von meinem Einsatz für sie? Erwarte ich, dass sie sich bei mir bedanken? Erhoffe ich vielleicht von meinen Kindern, dass sie später einmal für mich da sein werden?«

Wer so denkt, läuft Gefahr, enttäuscht zu werden.

»Die größten Geber sind oft die größten Nehmer.«

Deine dunkelsten Nächte sind oft die entscheidenden

Jeder Mensch gerät irgendwann in Lebenssituationen, wo er weder ein noch aus weiß, wo alles keinen Sinn zu machen scheint, wo er alles hinwerfen will, wo er zweifelt und verzweifelt und sich wütend fragt: »Was soll die ganze Scheiße hier eigentlich? Wohin läuft das Ganze überhaupt?«

Das sind oft wichtige Momente, in denen du erstmals die entscheidenden Fragen in einer Ehrlichkeit stellst, mit der du sie vorher nicht gestellt hast. Dein Kopf blickt nicht mehr durch. Gestehe ihm das zu, dass er deinen Weg jetzt nicht sieht und nicht kennt. Dein Herz aber, zu dem du gerade keinen Kontakt hast, kennt den Weg. Gib das Denken und Grübeln auf, gib es nach oben ab, denn dein Verstand kennt deinen Weg nicht und weiß nicht, wer du wirklich bist.

Gestehe dir in diesem Moment deine Hilflosigkeit, deine Verwirrung und deine Verzweiflung ein und gib die Führung ab an die Kraft, die in jedem Menschen vorhanden ist und aus der du geboren wurdest. Sie heißt **LIEBE**. Jedes Leben und jeder Moment deines Lebens hat einen tiefen Sinn, den wir in der Dunkelheit nicht sehen können.

Dein wahres göttliches Selbst, die Liebe, die du bist, dein ICH BIN  kennt deinen Weg. Du warst nie allein, bist nicht allein und wirst nie allein sein. Alles, was du denkst und fühlst, wird gehört. Auch in dieser Phase wirst du unendlich geliebt, aber das Leben sagt: »Da gehst du jetzt durch.« Vertraue und öffne die Arme deines Herzens jetzt für dich. Sorge so gut für dich, wie du kannst. Oder hole dir Hilfe. Gestehe dir und anderen deine Verletzlichkeit, dein Schwachsein ein und höre auf, dich zu verstellen und so zu tun, als sei alles in Ordnung. Bitte um Hilfe, um Unterstützung, um Führung, um Klarheit und rufe das Licht. Es ist immer da wie die Sonne, auch hinter den dicksten Wolken. VERTRAUE!

»Du kannst nur lernen zu vertrauen, wenn es dir schlecht geht. Wenn es dir aber gut geht, kommt dir nicht einmal das Wort in den Sinn.«

Wir haben Angst vor unserer Mächtigkeit und vor unserer göttlichen Größe

Macht ist die Kraft, etwas mit deinen Energien (Gedanken, Gefühlen, Worten und Handlungen) zu erschaffen. Sie ist göttliche Schöpferkraft, dir geschenkt als ein Teil deines Erbes, um etwas damit zu machen. Nichts damit zu tun geht nicht, denn du erschaffst ständig durch die Energien, die du in die Welt sendest.

Macht hat bei den meisten Menschen keinen guten Ruf, weil sie sich jahrelang der Macht und dem Machtmissbrauch anderer, meist unbewusst oder lieblos handelnder Menschen, beugen mussten und dabei Ohn-Macht erlebten. Wer mit dieser Zeit der Abhängigkeit in der Kindheit und Jugend bis heute nicht im Frieden ist, der liegt auch mit den Mächtigen der Welt, mit Staat, Wirtschaft und Vorgesetzten, in seinem Inneren oft im Krieg.

Macht ist weder gut noch schlecht, sie ist einfach. Wenn du deine Macht mit deiner Liebe verbindest, dann stiftest du Frieden, Schönheit und Gemeinschaft. Benutzt du deine Schöpferkraft dagegen unbewusst unter dem Einfluss deiner Gefühle von Angst, Neid, Eifersucht, Wut, Hass, Rache, Missgunst …, dann verstärkst du Unfrieden und Mangel in deinem Leben sowie Verzweiflung und Ohnmacht in dir.

Danke für deine SCHÖPFERKRAFT und mach mit Liebe das Allerbeste und Schönste, was du dir vorstellen kannst, daraus – und bring dein Herz vor Freude zum Singen.

Wertschätze die vielen kleinen Tätigkeiten des Alltags

Unsere Tage sind gefüllt mit unzähligen verschiedenen Tätigkeiten. Wir gehen und laufen, wir kleiden uns an und ziehen uns aus, wir kaufen ein, benutzen viele Gegenstände, räumen auf, fahren Auto, Fahrrad, Bus oder Bahn, verrichten kleinere und größere Arbeiten, gehen aufs Klo, wir denken, sprechen, hören zu und handeln, begegnen mehr oder weniger vielen Menschen persönlich, am Telefon, im Internet … Unser Verstand hält die meisten dieser Tätigkeiten für nicht besonders wichtig, meint aber, das müsse halt gemacht werden. Es gibt jedoch keine unwichtigen Dinge, alles ist gleich wichtig. Warum? Bei jedem Tun findet dein Leben statt, du verbringst damit deine kostbare LEBENSZEIT.

Die Frage ist: Wie tust du die Dinge? Bewusst oder unbewusst? Mit Achtsamkeit und Liebe? Mit Dankbarkeit und Freude? Bist du bewusst mit dir und bei dir? Bist du präsent?

Unser Leben findet in jedem einzelnen Augenblick statt, egal, was wir gerade tun oder nicht tun. Wenn wir das Geschenk des Lebens, seine Fülle und Schönheit wahrnehmen wollen, müssen wir JETZT da sein, bei dem, was wir gerade tun.

»Die Präsente des Lebens empfangen wir nur im Präsens, in der Gegenwart.«

Wer besser sein will als der andere, wird scheitern

Wer glaubt, »besser« oder »weiter« zu sein als seine Mitmenschen, der wird keine Energie mehr erhalten und in eine Sackgasse geraten. Denn in Wahrheit sind wir alle gleichwertig, gleich wertvoll. Die ständige Erhöhung der Energieschwingung dieser Zeit unterstützt nur noch den Menschen, der diese Gleichwertigkeit anerkennt, sich selbst und den Nächsten ehrt, respektiert, wertschätzt und in ihm seine Schwester, seinen Bruder erkennt.

Ob Pförtner oder Vorstand, ob Friseurin oder Unternehmensberaterin, ob Rauschgiftdealer oder Mörder, vor der Liebe sind wir alle gleich wertvoll. Denn wir alle sind von Natur her Wesen der Liebe, nur haben wir es vergessen.

Wir alle befinden uns im selben Theaterstück der Liebe, nur in unterschiedlichen Rollen und zu verschiedenen Zeitabschnitten.

Werde langsamer, dann lebst du mehr

Wer hektisch und im Stress durch sein Leben jagt, der läuft Gefahr, vom Leben selbst ausgebremst zu werden durch Krankheit, einen Unfall oder andere Ereignisse. Wenn dein innerer Antreiber dir zuruft: »Mach mal schnell …«, »Ich muss mal schnell …«, dann sage zu dir: »Stopp! Muss ich das wirklich? Will ich so leben?«

Die äußeren Dinge und andere Menschen haben an sich keine Macht über dich und können dich nicht zwingen, ein getriebenes, unbewusstes Leben zu führen. Du gibst ihnen diese Macht über dich durch Unbewusstheit.

Halte immer wieder inne, kehre zu dir selbst zurück, leg deine Hand auf dein Herz, atme und spüre dein Inneres. Mach die Dinge bewusst und sei bei dir, sonst läuft das Leben an dir vorbei.

Alles und jeder wünscht sich Annahme, Anerkennung, Wertschätzung und Würdigung

Jeder Mensch wünscht sich, so angenommen und geliebt zu werden, wie er ist. Ebenso wünscht sich das auch jeder momentane Zustand und jedes Ereignis. Alles, was jetzt ist, hat seine Berechtigung und Gültigkeit, weil es jetzt so ist, auch wenn es noch so unangenehm oder schmerzhaft ist. Da wir den Sinn von etwas (noch) nicht erkennen können, verweigern wir ihm unsere Anerkennung, Wertschätzung und Annahme.

Wenn bei dir beispielsweise eingebrochen wird und etwas von deinem Besitz wird gestohlen, dann soll das jetzt so sein und das Leben sagt ganz einfach: »Das, was gestohlen wurde, soll jetzt nicht mehr bei dir sein, sondern bei einem anderen.« Der Beweis: Es ist nicht mehr bei dir. Deine Aufregung oder Wut bringt das Gestohlene nicht zurück.

Wir weigern uns oft, zu Dingen,
Menschen und Ereignissen unseres
Lebens Ja zu sagen, sie anzuerken-
nen oder wertzuschätzen, weil unser
Verstand sagt: »Der, die, das sollte jetzt
nicht da sein oder das sollte nicht geschehen sein, weil es ungerecht, schmerzhaft, schlimm,
schrecklich … ist.«

Alles, was da ist und war, jeder Mensch und jedes Ereignis, hat einen
Sinn. Alle Vergangenheit, alles, was wurde, wünscht sich Würdigung
und Anerkennung. Erst wenn wir das, was war und was jetzt ist,
anerkennen und annehmen, uns und anderen vergeben, werden wir
frei, ein neues Morgen zu erschaffen, und müssen die schmerzhafte
Vergangenheit nicht wiederholen.

*»Es gibt nichts Sinnloses im Leben, auch wenn wir den Sinn
noch nicht erkennen können.«*

Unser Kontroll- und Sicherheitsbedürfnis wird von Angst genährt

Je mehr wir uns nach Sicherheit sehnen und versuchen, unser Leben unter Kontrolle, »in den Griff« zu bekommen, desto genauer dürfen wir unsere Ängste und Befürchtungen anschauen und diese in Meditationen bejahend fühlen und verwandeln lernen. Es sind die Ängste des kleinen Kindes in uns, die in Zeiten der Abhängigkeit, durch Erfahrungen der Verlassenheit, des Versagens, der Zurückweisung und der Lieblosigkeit entstanden sind. Sie werden aufrechterhalten durch Gedanken wie: »Ich könnte scheitern. Ich könnte (wieder) verlassen werden. Ich könnte etwas (meine Arbeit, mein Geld, meine Gesundheit …) verlieren.« Entdecke das Kind in dir und durchfühle in ihm diese Emotionen. Solange wir uns nicht mutig diesen Gefühlen stellen, können sie unseren feinstofflichen Körper nicht verlassen und müssen unseren physischen (grobstofflichen) belasten.

Öffne dich dem Gedanken, dass das Leben dich unendlich liebt und darauf wartet, dass du ins Vertrauen gehst, deine Vergangenheit heilst, deine Gefühle fühlst und dich für Gedanken des Vertrauens entscheidest. Solange du an ein unsicheres und gefahrvolles Leben glaubst und die ausgestreckte Hand deiner inneren Führung übersiehst, befindest du dich wie in einem Film mit dem Titel »Angst«. Wähle jetzt einen neuen Plot:

 »Ich vertraue der Führung und Liebe in mir. Ich lasse mich tragen vom Fluss des Lebens.«

Was du ablehnst,
kann sich nicht wandeln

Viele können sagen, was sie alles nicht sein und haben wollen, obwohl es doch bereits da ist. Sie konzentrieren sich auf das, was sie ablehnen, und
das gibt dem Abgelehnten Energie. So wird
es in deinem Bewusstsein genährt und fest-
gehalten. Du ermächtigst es durch Ablehnung und es kann sich nicht wandeln.
Was jetzt da ist, deine Trauer, deine Wut,
deine Angst, dein Alleinsein, deine Schulden, deine Krankheit , all das wartet
auf dein Ja, deine Annahme, dein Fühlen und deinen Satz: »*Ja, du darfst jetzt
auch da sein, du bist meine Schöpfung
und du dienst mir auf deine Weise.
Ich öffne mein Herz für dich und
schenke dir meine Zuwendung.*«
Nur dein Ja, deine Liebe zu
dem, was jetzt ist, öffnet die
Tore zu seiner Wandlung.

Du hast keine Fehler gemacht, sondern wertvolle Erfahrungen gesammelt

Fast alle Menschen glauben, sie hätten im Leben eine Menge Fehler gemacht. Mit diesem Denken erzeugen wir Schuld- und Scham-gefühle, die unseren feinstofflichen Körper belasten. Wenn wir etwas einen »Fehler« nennen, glauben wir, dass wir es damals anders hätten machen müssen oder können. Meine Wahrheit ist: Wir konnten es da-mals nicht anders machen, sonst hätten wir es anders gemacht. Heute würden wir es vermutlich anders machen. Prüfe für dich den Satz: »Ich habe es immer so gut gemacht, wie ich es konnte oder wusste.« Dieser Satz öffnet dich dafür, deine Selbstverurteilungen zurückzu-nehmen und Frieden zu machen mit dir und deiner Vergangenheit.

Du hast viele Erfahrungen gemacht und manche davon waren mit Schmerz, Enttäuschung, Wut, Schuld und Scham verbunden. Eine Erfahrung (verlassen zu werden, einen Job zu verlieren, eine Prüfung nicht zu bestehen, dich in einer Sackgasse zu verrennen) ist das eine, das andere ist deine innere Reaktion darauf (sie anzunehmen, dir zu vergeben und sanft, milde und liebevoll mit dir umzugehen oder aber sie abzulehnen und hart, schneidend, verurteilend zu sein). Entscheide dich dafür, all deine Erfahrungen, auch die schmerzhaftesten, mit Liebe zu würdigen, denn in jeder Erfahrung liegt ein Geschenk, eine PERLE DER WEISHEIT.

Wem dienst du in deinem Leben?

Wir Menschen sind soziale Wesen und leben in und von Gemein-schaften, sei es Familie, Nachbarschaft, Freundschaft, Gemeinde, Fir-ma, Organisation, Verein, Kirche, Stadt, Land. Diese Gemeinschaften tragen jeden Einzelnen und sie dienen ihm. Dies geht nur, solange genügend Menschen ihr Herz, ihre Talente und ihr Engagement, also ihr Eigenes, ihr »Mein« in die Ge-mein-schaft tragen.

Wer sich der Gemeinschaft der Menschheit und den Gemeinschaften seines Umfelds innerlich nicht zugehörig fühlt, aber dennoch ständig von ihnen nimmt, ohne mit Freude zu geben und zu dienen, der wird mit Verlusterfahrungen rechnen müssen.

Was du nicht liebst und dem du nicht liebend dienst, das wirst du verlieren. Denn die LIEBE selbst ist das alles verbindende Element, so wie es der Zement zwischen den Steinen der Mauer ist.

Öffne dich jeden Tag für die Geschenke des Lebens

Viele von uns haben schon in der Kindheit gehört: »Im Leben bekommt man nichts geschenkt!« Jeder bewusste und wache Mensch kann jeden Tag erkennen, wie unsinnig dieser Satz ist. Wird er jedoch geglaubt, entgehen uns die vielen kleinen und großen Geschenke. Aber nicht nur solch unwahre Sätze hindern Menschen daran, Geschenke anzunehmen, sondern auch ihre fehlende Bereitschaft, Geschenke zu empfangen.

Mach diese kleine Übung: Stell dir vor, jemand macht dir unerwartet ein Geschenk im Wert von 100 Euro. Wie reagierst du darauf? Oft sagen die Beschenkten: »Das wäre doch nicht nötig gewesen.« Und sie überlegen sogleich, was der andere wohl von ihnen will, wann der Schenkende Geburtstag hat oder bei welcher anderen Gelegenheit sie den Gegenwert wieder zurückschenken können. Die meisten fühlen sich nach solch einem Geschenk in der Schuld und wollen sich möglichst bald wieder entschulden.

Meist sind wir also gar nicht empfangsbereit für Geschenke und glauben, wir hätten sie nicht verdient. Diese Haltung strahlen viele als Energie aus und können daher die Geschenke des Lebens nicht einmal sehen.

Jeder Tag birgt viele Geschenke für dich. Das größte von allen: Am Morgen erhältst du einen neuen Tag Leben geschenkt. Der neue Tag ruft dir zu: »Hier, ich schenke mich dir. Mach das Allerbeste aus mir! Sei ein bewusster, liebender Schöpfer und gehe mit Achtsamkeit, Liebe und Neugier durch mich, durch deinen Tag.« Antworte:

»Ich danke für diesen neuen Tag und nehme all seine Geschenke liebend gern und dankbar an. Danke! Danke! Danke!«

Lass deine Worte Brücken der Liebe sein

Unsere Fähigkeit, Worte auszusprechen und niederzuschreiben, ist etwas Wunderbares, ein großes Geschenk unserer kulturellen Entwicklung. Worte haben eine stärkere Schwingung als Gedanken, weil sie mit Laut, mit Klang verbunden sind. Worte erschaffen die Welt, die Ähnlichkeit des englischen »word« und »world« erinnert daran. Jedes Wort hat einen Energiewert und große Schöpferkraft. Worte können verbinden oder trennen, sie erschaffen Gemeinschaft ebenso wie Feindschaft.

»Im Anfang war das Wort, und das Wort war bei Gott, und Gott war das Wort.«

So beginnt das Johannesevangelium. Viele Menschen reden sich täglich um Kopf und Kragen, weil sie dem verletzten Ego, dem kleinen Kind in sich, das Wort überlassen und völlig unbewusst Energien in die Welt schicken, die trennenden Gräben vertiefen und sich selbst und andere ausgrenzen. Höre auf deine Worte. Lass sie Worte der Liebe, des Verstehens, der Annahme und der Vergebung sein. Dann heilst du dich und die Welt und dein Gegenüber erkennt sich als Bruder, als Schwester einer gemeinsamen Mutter, die Liebe heißt.

Der Sinn des Lebens ist der, den du ihm gibst

Hast du deinem Leben einen konkreten Sinn gegeben? Wenn ja, welcher Sinn ist es? Was soll dir das Allerwichtigste in deinem Leben sein? Wonach willst du jeden Tag dein Denken, Sprechen und Handeln ausrichten? Der Sinn, den du einem neuen Tag gibst, ist der Sinn, den du deinem Leben gibst. Je klarer deine Antwort auf diese Frage ausfällt, desto entschiedener lebst du sie. Auch wenn ich im Folgenden ein paar Beispiele gebe, kannst du deinen eigenen Sinn des Lebens nur tief in dir, in deinem Herzen finden. Hier entdeckst du intuitiv, wozu du dieses Leben leben willst:

- *Ich will alle Talente und Potenziale entdecken, die mir das Leben gegeben hat, und will sie zur Entfaltung bringen, zu meiner Freude und zur Freude aller anderen.*
- *Ich will die Freude an die oberste Stelle in meinem Leben setzen. Denn alles, was mir Freude macht, ist gut und richtig und führt zu Kraft, Gesundheit und Fülle in meinem Leben.*
- *Ich möchte meinen Mitmenschen mit meinen Gaben und Talenten dienen und mit meinem Leben dazu beitragen, dass ihr Leiden und ihr Schmerz verringert oder gar in Freude verwandelt werden.*

Deine Verletzlichkeit ist die Tür zu wirklicher Nähe und Intimität

Seit wir auf der Welt sind, sehnen wir uns nach Zugehörigkeit und Nähe, nach Intimität und Berührung der Seelen und der Körper. Da wir in der Kindheit und Jugend jedoch oft zurückgewiesen, kritisiert und verurteilt wurden und hörten: »So, wie du bist, können wir dich nicht lieben – ändere dich! Du bist nicht in Ordnung für uns!«, empfanden wir Schmerz und verschlossen unser Herz, gingen innerlich auf Distanz zu Mutter, Vater, Geschwistern und zu anderen Menschen. Wir hörten auf, unsere wahren Gefühle zu zeigen, und verstellten uns, um den Schmerz der Zurückweisung zu vermeiden. Unser Herz, also unsere Seele, sehnt sich nach NÄHE, LIEBE, FREUNDSCHAFT und INTIMITÄT mit anderen. Wir suchen zwar Nähe, vermeiden es aber, uns zu öffnen und unsere wahren Gefühle zu zeigen, aus Angst, wieder verletzt zu werden. Das macht unsere Partnerschaften und Freundschaften so oberflächlich und brüchig. Öffne dich wieder für das Fühlen und für das Zeigen deiner wahren Gefühle. Riskiere Verletzlichkeit und zeige dich nackt, ohne Rüstung, und sag: »So geht es mir gerade. Ich fühle mich einsam (ängstlich, verletzt, beschämt, ohnmächtig, schwach, klein, hilfsbedürftig, mutlos, verzweifelt, wütend, traurig …)«, aber erwarte nicht, dass der andere dich so annimmt, liebt und versteht.

Steh trotzdem zu dir und zu deinen Gefühlen. Dein Mut zu Ehrlichkeit und Verletzlichkeit öffnet die Tür zu deinem eigenen Herzen und zum Herzen des Partners oder der Partnerin. Einer muss als Erster diese Tür öffnen, damit wieder wahre HERZENSVERBINDUNGEN zustande kommen.

Schenke der weiblichen Seite deines Lebens wieder Raum

Im Laufe der letzten Generationen haben wir das weibliche Prinzip abgewertet, das für jede Frau wie für jeden Mann genauso wichtig und wertvoll ist wie das männliche, um gesund, ausgeglichen und glücklich seinen Weg zu gehen. Schon in der Kindheit fielen immer wieder Sätze wie »Träum nicht! Sei nicht so faul! Spiel nicht so viel! Lass dich nicht so gehen! Reiß dich zusammen! Häng nicht dauernd rum! Tu was!« Diese Sätze wirken bis heute in uns.

Bei allem Tun und Leisten ist es heutzutage wichtiger denn je, dem weiblichen Prinzip in unserem Alltag wieder Raum zu geben und es zu ehren. Das muss nicht stunden- oder tagelang sein, sondern es können hier fünf, dort zehn oder dreißig Minuten sein. Diese weibliche Seite in uns liebt das Ausatmen, das An- und Innehalten, das Jetzt-mal-nichts-Tun, das Einfach-da-Sein, Fühlen, Spüren, Besinnen, Lauschen, Liegen, Baden, (Tag-)Träumen, Spielen, Blödeln, Tanzen … Entscheide dich für die Qualität und den Segen, die in Hingabe, Aufgabe (des Kämpfens), Muße, loslassen, fallen lassen, geschehen lassen, mich (wieder) gehen lassen, empfangen, schweigen und vor allem im VERTRAUEN bestehen. Vertraue und erfahre, dass du in den Momenten der HINGABE an das Leben und die Liebe unendlich viel empfängst. Nur im weiblichen Prinzip kommst du bewusst ganz zu dir und der Himmel, die Engel können in dir Heilsames bewirken.

Liebe deine Feinde!

Diejenigen zu mögen und zu lieben, die uns wohlgesonnen sind, die uns unterstützen oder ihrerseits lieben, ist nicht schwer. Anspruchsvoller ist die Aufforderung, unsere Feinde zu lieben und uns für die Wahrheit zu öffnen, dass es in Wirklichkeit keine Feinde gibt. Denn jeder ist in Wahrheit dein göttlicher Bruder oder deine göttliche Schwester, auch wenn der- oder diejenige das (noch) nicht weiß oder sich daran erinnert hat. Dein Herz weiß das.

Unser Verstand glaubt an die Trennung, an gut–böse, richtig–falsch, Freund–Feind ... Unser Herz jedoch weiß: Jeder von uns stammt aus der Liebe, ist Liebe und kehrt zum Bewusstsein dessen, wer er wirklich ist, zu seinem Liebes-Bewusstsein zurück.

Stell dich nicht über einen anderen, der »noch nicht soweit« ist, wie du es von dir glaubst zu sein. Öffne dein Herz für ihn, verbinde dich in deinem Inneren mit ihm und sprich zu ihm:

»Du bist mein Bruder, du bist meine Schwester – ich öffne mein Herz für dich und für alles, was du in mir auslöst. Danke für deinen Beitrag zu meinem Wachstum und Erwachen.«

Schenke ohne Erwartungen, nur aus Freude am Schenken

Wenn du anderen Menschen Geschenke machst, frage dich, warum du es tust. Erwartest du, dass sich der andere zumindest bedankt? Tust du es, damit er weiter nett zu dir ist und dein Freund wird oder bleibt? Schenke nur, wenn es für dich stimmt, schenke nur aus einem Grund: weil dir das Schenken Freude macht. Schenke aus dem Bewusstsein, dass du mehr als genug hast von diesem und jenem. Nimm alle Erwartungen an den anderen zurück, auch die an das »Danke«. Wie der Beschenkte reagiert, ist nicht deine Angelegenheit. Die größten Geschenke sind oft die immateriellen: jemandem zuhören, ohne Ratschläge zu erteilen; jemanden spüren lassen, dass er so, wie er ist, wertvoll und gut ist, dass wir ihn so annehmen, wie er ist. Schenke Aufmerksamkeit, Zeit, ein verstehendes Wort, ein Lächeln, eine Umarmung. Macht es dir Freude, wenn sich andere freuen, dann schau in dieser Woche mal, wie viele Geschenke du anderen machen kannst, die nichts kosten. Genieße das Geschenk, das du sein kannst.

Finde zurück zum Rhythmus der Natur

Alles in der Natur wie in unserem menschlichen Körper verläuft in einem harmonischen Rhythmus, idealerweise so sanft wie die Wellen der Sinuskurve. Wir haben den Rhythmus von Tag und Nacht, von Wachsein und Schlafen, von Ebbe und Flut, von Frühling, Sommer, Herbst und Winter, von Blühen, Winterschlaf und Wiedererblühen und von Ein- und Ausatmen, ganz natürlich. Wir Menschen unterliegen mit unserem Körper und unserem gesamten Energiesystem Geist-Körper-Seele den Gesetzen dieser Natur, denn wir sind ein Teil von ihr. Und wir könnten so viel von ihr lernen, würden wir auf sie achten und uns wieder mit ihr verbinden.

Zu einem guten Rhythmus finden wir wieder zurück, wenn wir uns an den Grundrhythmus des Lebens, der auch für unseren Körper, unseren Geist und unsere Seele gilt, erinnern sowie an die beiden Pole, zwischen denen das Leben sich bewegt: das Tun und das Nichttun, das Machen und das Geschehen-Lassen, das Anspannen und das Entspannen, das Wachsein und das Ruhen, das Sprechen und das Schweigen, das Stark-Sein und das Schwach-Sein-Dürfen, die senkrechte und die waagerechte Haltung im Leben. Wer abends erschöpft und kaputt nach Hause kommt oder ins Bett fällt, hat diesen natürlichen Rhythmus verloren.

Verlässt dich jemand, komm dir selbst näher

Wenn dich jemand verlässt, sei es, er geht einfach weg oder sein Körper stirbt, liegt hierin eine Gelegenheit, dir selbst näherzukommen. Wenn du traurig bist, fühl deine Trauer – es ist deine Trauer, die schon lange vorher in dir war. Wenn du verzweifelt bist, dann frag dich: »Wie oft schon habe ich mich selbst verlassen, indem ich nicht meinem Herzen gefolgt bin und mich selbst verurteilt habe?

Der Schmerz in uns und die Wut, die Ohnmacht und die anderen Gefühle hinter dem Schmerz sind die Gefühle des kleinen Kindes in uns, das jetzt endlich von uns bewusst wahrgenommen werden will.

Wenn du weißt, dass das kleine Mädchen, der kleine Junge in dir sich verlassen, ohnmächtig, traurig oder wütend fühlt, dann sag dir: *»Ich bin jetzt bereit, die Gefühle meines eigenen Kindes in mir zu fühlen.«* Nimm dir Zeit dazu. Schließe die Augen, sieh das Kind, öffne deine Arme und nimm es an dein Herz, an die Tankstelle der Liebe.

Deine Mutter und dein Vater sind für dieses Kind schon lange nicht mehr zuständig, sondern die große Frau oder der große Mann, die oder der du bist. Du hast unendlich viel Liebe in dir. Du kannst jetzt deinem Kind all die Liebe geben, nach der es sich in der Kindheit gesehnt hat.

Wenn du dich diesem Kind und seinen Gefühlen immer wieder liebend und fühlend zuwendest, verwandelt es sich in ein zufriedenes, glückliches, genährtes und geliebtes Kind und mit ihm wandelt sich dein ganzes Lebensgefühl.

Schenke dir selbst eine Rose und entdecke ihre Schönheit in dir

Öffne dich für die unendliche Schönheit deines eigenen Wesens, für die Liebe, die du bist. Eine Rose hilft dir, sie zu entdecken, dich zu lieben und zu erblühen. Jeder kann in seinem Herzen eine Rose finden:

Schließe die Augen, komm in einen sanften Atem und schau mit deinem inneren Auge in dein geistiges Herz, in die Mitte deiner Brust. Hier entdeckst du eine Rose. Schau genau hin. Ist sie noch völlig verschlossen, beginnt sie sich gerade zu öffnen oder breitet sie ihre Blütenblätter schon duftend aus?

Schenke dir Rosen, auch eine einzige reicht schon. Betrachte sie jeden Tag, ganz bewusst, ein paar Minuten lang. Studiere sie genau. Nimm ihre Schönheit wahr, ihre Sinnlichkeit, ihren Eros, rieche ihren Duft und sprich zu ihr Worte der Liebe. Diese Minuten nähren dich und berühren dein Herz. Das Herz liebt die Rose. Sie ist die große Herzöffnerin.

Je mehr du versuchst zu kontrollieren, desto eher wirst du verlieren

Viele sehnen sich nach Sicherheit im Außen: nach dem sicheren Arbeitsplatz, der sicheren Geldanlage und Rente, dem sicheren Euro, dem sicheren (treuen) Partner … Sie versuchen, ihr Leben (und oft auch andere Menschen) unter Kontrolle zu bringen. Dieser Versuch beruht auf tief sitzenden Ängsten und einem Nichtvertrauen in das Leben. Je mehr du an Sicherheit denkst und kontrollierst, desto mehr Angst muss da sein, die du schon in der Kindheit in dir erzeugt hast. Die einzige Sicherheit findest du nicht im Außen, sondern in deinem Inneren, im tiefen Vertrauen, dass du nie allein bist und warst, dass du unendlich geliebt wirst und unendlich liebenswert bist. Wende dich nach innen, kümmere dich liebevoll um deine Ängste und um deine Gedanken, mit denen du diese ständig nährst, um Glaubenssätze wie »das Leben ist unsicher«, »das Leben ist ein Kampf«, »im Leben bekommt man nichts geschenkt«.

Erkenne, dass solche Überzeugungen unwahr sind und zugleich hochwirksam. Erkenne, dass deine Ängste deine eigenen Schöpfungen sind, die darauf warten, liebend, bejahend durchfühlt und dadurch verwandelt zu werden. Das, wovor du Angst hast, ziehst du an. Vertraue auf deine innere Führung, auf die Stimme deines Herzens, die dir sagt, was stimmt und was nicht stimmt, was aus der Angst und was aus der Liebe kommt. Liebst du das, was du tust, und tust du das, was du zu tun liebst? Oder lebst du Unstimmiges, weil du denkst, es sei nützlich, oder weil andere das von dir erwarten?

Vertrauen lernen wir nur in Phasen der Dunkelheit, der Unklarheit oder Verwirrung, wenn wir nicht wissen, wohin der Weg geht. Gehe in diesen Phasen nach innen und sag:

»Mein Herz, ich bitte dich um Führung. Ich vertraue dir.«

Tu das, was jetzt ansteht und tu es mit Liebe, Freude und Dankbarkeit. Es ist die Liebe, die uns führt und uns Schritt für Schritt zeigt, wohin unser Weg führt.

Die meisten Menschen sind auf der Flucht vor sich selbst

»Ich muss mal schnell …«, »Kannst du mir mal schnell …«, »Ich habe keine Zeit« – wie oft sagen oder denken wir solche Sätze im Alltag? Warum sagen wir nicht gleich: »Ich muss jetzt mal ganz schnell mein Leben hinter mich bringen?« Dann hätten wir's endlich geschafft, wären am Ziel und müssten nicht mehr wie die Irren durchs Leben rasen und hätten endlich unsere Ruhe. Loriot hat dieses sinnfreie Gerenne in einem seiner Sketche auf den Punkt gebracht: »Ja, wo laufen sie denn, wo laufen sie denn hin?«

»Je schneller wir durch unser Leben laufen, desto weniger nehmen wir von der Schönheit und Kostbarkeit des Lebens wahr.«

Je mehr Ziele wir uns setzen und ihnen nachjagen, desto gehetzter wird unser Leben. Denn ist ein Ziel einmal erreicht, wartet schon das nächste auf uns. Nicht die beschleunigte Welt da draußen ist schuld an unserer Hetzerei. Sie ist nur der Spiegel unseres eigenen Bewusstseins, unserer eigenen inneren Rastlosigkeit, der Angst, Unzufriedenheit und Leere, vor der wir auf der Flucht sind.

Umweltverschmutzung findet zunächst im Geist statt

Jeder Mensch ist für sein persönliches Energiehaus verantwortlich, das heißt für die Qualität seiner Gedanken, Worte und Handlungen, die er täglich, minütlich in die Umwelt sendet. Das gilt auch für den Umgang mit seinen Gefühlen.

Wir selbst sind es, die wie ein uraltes Kohlekraftwerk jeden Tag Unmengen an unfriedlicher, liebloser, wütender, grollender, uns beschwerender, andere anklagender und verurteilender Energien in die Welt schleudern. Die Klimakatastrophe der Erde ist die Folge der Katastrophe im Innenklima unzähliger Menschen. Die meisten kommen bis heute im Traum nicht darauf, dass sie selbst dazu beitragen, indem sie ihre eigene Erschöpfung und Frustration, ihren Mangel und ihr Leiden, ihre Krankheit und ihren Schmerz individuell und kollektiv in die Welt senden und so die äußeren, sich zuspitzenden Krisen ins Leben rufen.

Wer den Pfad der Unbewusstheit und Verurteilung nicht verlässt und seine Verantwortung für das Aufräumen, Klären und Pflegen seiner eigenen inneren Räume nicht übernimmt, den holen die Folgen dieses Schöpferverhaltens unsanft und schmerzhaft ein.

Die meisten Menschen wissen, wogegen sie sind – aber nicht wofür

Frag einen Menschen, am besten als Erstes dich selbst: »Wofür lebst du? Wem soll dein Leben dienen? Welchen Sinn und welche Qualität soll es haben?«

Nimm dir am Abend oder am Wochenende zwei Stunden Zeit dafür und schreibe deine Antworten nieder. Keine Zeit dafür? Es ist die wichtigste Frage deines Lebens. Um diese Fragen drücken sich die meisten Menschen ein Leben lang, um am Ende festzustellen: »Eigentlich hätte ich …« »Eigentlich wollte ich doch …«

Schreibe, ohne lang zu überlegen, auf, welche Antworten hierzu aus deinem Inneren auftauchen. Die meisten werden sich wundern, wie viel Unklarheit da auf dem Papier zum Ausdruck kommt und wie viele Sätze mit »Ich will nicht …« beginnen.

Wenn wir uns diese Frage nicht ausführlich und wahrhaftig beantworten und hierbei unser Herz befragen, fahren wir auf dem Meer unseres Lebens wie ein Schiff ohne Ruder und schlingern dahin, werden mal hierhin, mal dorthin getrieben. Unser ungeordnetes und unklares Bewusstsein steuert dann unser Sein. Und am Ende stehen Enttäuschung und Bitterkeit.

»Schaffe Klarheit, Ordnung und Frieden in deinem Inneren, damit sie sich im Außen zeigen können.«

Mitfreude heilt die Welt, Mitleid zieht sie hinunter

Mit jemandem mitzuleiden, dem es nicht gut geht, hilft weder diesem Menschen noch der Welt. Im Gegenteil: Das Mitleid macht ihn kleiner und belässt ihn in seinem Leidens- und Opfer-Bewusstsein, wenn es ihm zuruft: »Du Armer!« Dem Leidenden hilft es mehr, wenn du in deiner Freude und Kraft bleibst und ihm zeigst, wie du dahin gekommen bist. Glückliche, zufriedene und lächelnde Menschen wirken ansteckend und als **VORBILD**.

Die Mitfreude fördert unsere Gemeinschaften, schafft Verbindungen und eine neue Liebes- und Freudekultur unter den Menschen. Es wirkt so positiv, sich mit jemandem zu freuen, der gerade etwas Schönes und Gutes gemacht hat in seiner Familie oder seiner Firma, ihm Anerkennung, Wertschätzung, Lob zu geben, wenn ihm etwas gelungen ist (anstatt Neid und Missgunst).

Wie oft freust du dich über die Erfolge und das Gelingen deiner Nächsten und zeigst ihnen deine Mit-Freude?

Von der Einsamkeit zur Gemeinsamkeit

Dich phasenweise einsam zu fühlen gehört zum Spektrum menschlicher Erfahrungen, die unsere Seele machen möchte. Hierfür brauchen wir uns nicht zu verurteilen und es besteht kein Grund zur Sorge. Wenn du dich generell einsam fühlst, hast du dich jedoch unbewusst für Einsamkeit entschieden, weil dein Denken dich von anderen und von dir selbst trennt. Nur ein Mensch kann dieses Gefühl bewirken. Kein Tier in der Natur fühlt sich einsam.

Überprüfe deine Gedanken: Wie denkst du über andere, über deine Mitmenschen? Warum, glaubst du, kommt niemand auf dich zu? Warum interessiert sich anscheinend niemand für dich? Warum hört dir niemand zu? Und frage dich: »Wie groß ist mein Interesse an mir selbst?« »Höre ich mir selbst zu?« »Komme ich mir selbst innerlich entgegen?« »Bin ich mir selbst herzlich verbunden?«

Wer sich nicht attraktiv, wertvoll, interessant und liebenswert findet und sich selbst nicht mit Freude und Neugier begegnet, dem steht auf der Stirn geschrieben: »Bitte überseht mich, geht an mir vorbei. Ich bin uninteressant!« Und wer sich selbst nicht wertschätzt, verurteilt auch viele andere Menschen.

Öffne dein Herz für das, was du bisher an dir und an anderen verurteilt hast. Schau deinen Mitmenschen in die Augen und erkenne in ihnen deinen eigenen Schmerz darüber, dass du dein Herz verschlossen hast für die Liebe, wie die meisten von uns es getan haben. Verzeih dir das und erkenne im anderen deine Schwester, deinen Bruder, denen es genauso geht wie dir. So wird aus »ein-sam« ein Same für Gemeinsamkeit und eine liebende Gemeinschaft gelegt.

Nimm deine Entscheidung zurück, perfekt sein zu wollen

Mach eine kleine Übung – mit einem Ei. Dabei kannst du bemerken, wie sehr dich dein innerer Perfektionist noch im Griff hat.

 Nimm ein rohes Ei und lass es mit Freude auf den Boden fallen.
Schau dir die Bescherung eine Minute lang an und achte genau auf deine Gefühle dabei. Dann lass das Ei einfach liegen und schau mal, wie lange dir das gelingt. Eine Stunde? Oder einen ganzen Tag?
Jedes Mal, wenn du das zerlaufene Ei auf dem Boden siehst, halte inne und nimm deine Gefühle und deine Gedanken wahr. Denkst du: »Was wäre, wenn jetzt mein Mann, meine Mutter, meine Nachbarin … käme und das hier sehen würde?« Was fühlst du genau in dir? Nimm diese Gefühle an und sag dir: »All diese Gefühle dürfen jetzt da sein.« Fühle, wo genau sie in deinem Körper stecken.

Partnerschaften und Ehen gehen durch den »Liebes-TÜV«

Wenn du in einer Partnerschaft mit einem Menschen lebst, frage dich nach deinem wahren Motiv hierfür. Bist du mit jemandem zusammen, weil du nicht gern allein bist? Oder weil du ihn für etwas brauchst? Kannst du mit dir allein glücklich sein? Hast du große Freude an dir selbst, an deinem eigenen Sein? Oder brauchst du den anderen, um dich von dir selbst und deinem Nicht-mit-dir-glücklich-Sein abzulenken?

Jede Beziehung zwischen zwei Menschen steht in dieser Rüttel- und Schüttelbrett-Zeit auf dem Prüfstand der Liebe. Und wenn die Liebe selbst nicht das tragende Motiv ist, geht sie jetzt auseinander. Denn die Liebe selbst sagt: »Das stimmt nicht und das geht nicht mehr.« Ehen und Partnerschaften waren lange Zeit ohne Liebe möglich. Das geht heute nicht mehr. Was nicht von Liebe getragen ist, sondern von Angst, löst sich auf. Das betrifft die Partnerschaften, den Arbeitsplatz und die Beziehung zu deinem Körper. Denn die Liebe ist der einzig wahre, tragende, verbindende und nährende Stoff, der die Dinge und Strukturen zusammenhält.

Erst wenn sie etwas verlieren, an das sie sich gewöhnt, es aber nicht wirklich wertgeschätzt und geliebt haben, erkennen viele Menschen den Wert von etwas und können es noch mal neu machen. So werden wir an den Ursinn von Liebe, Partnerschaft, Sexualität, Arbeit … erinnert.

Erkenne an, was war

»Du hast in deinem Leben dein Bestes gegeben und das wartet auf deinen Segen.«

Wie reagierst du auf diesen Gedanken? Kannst du ihn schon auf dich und dein Leben anwenden? Oder ist noch zu viel Groll und Wut über dich und dein Leben in dir? Es geht hier nicht darum, irgendetwas schönzureden oder zu denken, was nicht angenehm oder sogar schmerzhaft und hässlich war in deinem Leben. Sondern es geht um die tiefe Einsicht, dass du damals wirklich nicht anders handeln konntest, sonst hättest du es getan. Alles, was war und was ist, wünscht sich deine Anerkennung und deinen Segen.

Solange wir mit einem bestimmten Kapitel unseres Lebens noch nicht im Frieden sind, können wir noch kein wirklich neues Kapitel beginnen, sondern nur eine Wiederholungsreise starten. Wer beispielsweise mit seinem Expartner noch hadert und in Unfrieden ist, der nimmt diesen Unfrieden hinein in seine schon begonnene neue Partnerschaft.

Liebe und verwöhne deinen Körper und danke ihm

Dein physischer Körper ist dein perfekter Diener, ohne jeden eigenen Willen. Er ist vollkommen davon abhängig, was du über ihn, über dich und das Leben denkst und fühlst. Ganz gleich, wie er heute aussieht, wie gesund oder krank er ist, er hat immer nur reagiert und konnte nicht anders.

Dein Körper wünscht sich als Erstes drei Nährstoffe: **LIEBE**, **DANK-BARKEIT** und **FREUDE**. Und er schätzt es, wenn du ihn mit frischer Nahrung, gutem Wasser, natürlichem Salz (nicht raffiniert), wertvollen Ölen (wie Olivenöl) und Obst, mit sanfter Bewegung, Bewusstheit und Genuss beim Essen und mit regelmäßigen Ruhephasen verwöhnst.

Er liebt die Natur und die Elemente, weil er ein Teil davon ist. Er liebt das Saunieren und Massieren, er liebt Reinigungsbäder (Fuß- oder Sitzbad) mit Meersalz. Und er liebt genussvollen, liebevollen Sex. Was er gar nicht mag, was ihm nicht gut bekommt, sind unter anderem Waagen, Diäten, Angst, sich nicht gesund zu ernähren, und einen mit sich und anderen unzufriedenen Menschen, eine Frau, die es (noch) nicht liebt, eine Frau zu sein, einen Mann, der es (noch) nicht liebt, ein Mann zu sein.

Schenke deinem Körper täglich dein individuelles Körper-Liebes- und Verwöhnprogramm. Er wird es dir danken.

Mach deinen Körper zu deinem besten Freund

Stelle eine persönliche, liebevolle Beziehung zu deinem Körper her und sprich täglich zu ihm. Er versteht dich und reagiert auf die Qualität deiner Worte und der Gedanken, die du an ihn richtest. Mach dein Denken über ihn zum Danken und lausche auf seine Signale. Deine Seele spricht jede Minute zu dir über die zahlreichen Empfindungen deines Körpers, wie Unruhe, Leere, Schwere, Druck, Enge, Spannung, Steifheit, Starre, Härte, Brennen, Kälte, einschlafende Gliedmaßen, Schwindel, Übelkeit und über den Schmerz. Ignoriere diese Empfindungen nicht, sondern gehe täglich hin und sprich auch

sie an, vielleicht so: *»Alle Schwere in mir darf jetzt da sein. Ich bin jetzt bereit, dich, meine Schwere, bewusst zu fühlen.«*

Nimm dir 10 Minuten Zeit, fühle genau, wo sich die Schwere be-
findet, erforsche sie und mache ein inneres Bild dazu, indem du
vielleicht sagst: »Die Schwere auf meinen Schultern fühlt sich so
schwer an, als ob ... (beispielsweise Säcke auf meinen Schultern
liegen).«

- Schau das erste Bild, das dir im Inneren erscheint, an und
  nimm es zur Kenntnis. Du siehst innerhalb von Sekunden,
  welche Lasten auf deinen Schultern oder auf deiner Brust
  liegen und das Gefühl der Schwere verursachen. Beim einen
  liegen Säcke darauf, beim anderen drücken zwei Hände auf
  die Schultern oder es liegt ein Felsbrocken auf der Brust (oder
  vieles andere mehr).

- Erforsche also diese Empfindungen und versuche nicht, sie loszuwerden. Dein bewusstes Atmen, das Fühlen und Annehmen
  dessen, was da im Unsichtbaren, im Feinstofflichen ist, ist der
  erste, entscheidende Schritt zur Heilung, damit diese Energi-
  en in den nächsten Tagen und Wochen in den Fluss kommen
  und gelöst werden können. Hinter jeder dieser Empfindungen
  kannst du Emotionen, Gefühle entdecken, die du vor langer
  Zeit erschaffen hast, bisher aber nicht bewusst angenommen,
  sondern meist abgelehnt und verdrängt hast.

Woran Partnerschaften scheitern

Jede Partnerschaft besteht aus mindestens vier Personen, aus zwei großen und zwei kleinen Menschen, dem kleinen Jungen und dem kleinen Mädchen in Mann oder Frau. Diese Kinder stecken voller Gefühle wie Angst, Trauer und Wut, Scham und Schuld, Neid und Eifersucht und sie sehnen sich danach, mit ihren Gefühlen angenommen und geliebt zu werden. Sie versuchen, vom Partner zu bekommen, was die Eltern nicht geben konnten: Annahme, Wertschätzung, Lob und Liebe sowie das Gefühl: *»Ich bin in Ordnung und werde so* *angenommen, wie ich bin.«*

Jeder kann sich seinem eigenen inneren Kind, etwa in Meditationen, zuwenden, seine Gefühle annehmen und verwandeln lernen, es ins Herz nehmen und so selbst zu Vater und Mutter des eigenen inneren Kindes werden. Dann ist er auch in der Lage, das Kind im Partner zu sehen, sein Herz für es zu öffnen und in seiner inneren Mitte zu bleiben, wenn der Partner emotional wieder zum Kind wird. Wenn beide Partner innerlich in ihrem Kind stecken und sich ohnmächtig seinen Gefühlen ausgeliefert fühlen, kommen Frau und Mann nicht miteinander klar und es gibt Krach, Enttäuschung und Schmerz.

Gib deinen Tagen Takt und achte auf Rhythmus

Wenn du dich nicht erschöpfen und im Tun und Hetzen verlieren willst (Schöpfung war nicht als Er-Schöpfung gedacht), dann bringe Takt und Rhythmus in deine Tage. Das kannst du auch, wenn du acht Stunden in einer Firma arbeitest oder drei Kinder hast.

Fange den Tag bewusst an und gönne dir gleich zu Anfang 10 bis 20 Minuten der Stille, des Innehaltens, der Besinnung. Mach alle ein oder zwei Stunden oder beim Wechsel von einer Tätigkeit zur anderen zwei, drei Minuten Pause (zur Not auf der Toilette), atme aus und tu nichts. Bring Qualität in deine Mittagspause, genieße etwas, das dir schmeckt, und mach einen kleinen Spaziergang. Nimm dir auch am Abend, wenn du nach Hause kommst, oder vor dem Schlafengehen 20 bis 30 Minuten Zeit für dich allein. Dein Herz und dein Körper werden es dir danken.

Die Natur hat viele Rhythmen, Tag und Nacht, die Jahreszeiten, Morgen, Mittag, Abend, und jede Zeit hat ihre eigene Energie. Wenn wir nicht, wie die Natur, selbst für Takt und Rhythmus sorgen, für den bewussten WECHSEL zwischen Ein- und Ausatmen, zwischen Innen- und Außenwelt, Tun und Sein, Denken und Fühlen, Geben und Empfangen, Anspannung und Entspannung, Alleinsein und Gemeinschaft, dann kommen wir schnell aus dem Takt.

Taktlose Menschen haben den Kontakt zu ihrem Herzen und zur Weisheit ihres Körpers verloren und gehen auch mit ihren Mitmenschen oft takt-los um.

Erkenne, was dir dein Körper spiegelt

Die Symptome deines Körpers, auch seine Krankheiten, hast du zuvor unbewusst auf der nichtkörperlichen Ebene, im geistigen und feinstofflichen Bereich (Gedanken und Gefühle) erschaffen. Darum findet wahre und nachhaltige Heilung nur auf diesen Ebenen statt. Der Körper (die Materie) folgt dem Geist. Wer diesen Zusammenhang erkennt und seine SCHÖPFER-VERANTWORTUNG übernimmt, der kann entscheidend zur Heilung seines Körpers beitragen und seine Selbstheilungskräfte aktivieren.

Einige Beispiele:

- Druckkrankheiten (wie Migräne, Bandscheibenvorfall, Bluthochdruck) entstehen, weil wir uns erstens über lange Zeit Druck gemacht haben (»Ich muss«, »Ich sollte«, »Ich habe keine Wahl« …) und weil wir zweitens Energien, die fließen wollen, unterdrückt haben (beispielsweise unsere Wut).

- Wenn die Beweglichkeit eingeschränkt ist, etwa durch steife Gelenke, sind wir lange Zeit geistig in Starre gewesen. Wir haben uns nicht weiterbewegt, obwohl unser Herz nach Veränderung rief.

- Bevor ein Knochen bricht, hat es einen Bruch auf der geistigen Ebene gegeben, vielleicht zwischen Mann und Frau oder zwischen den Eltern eines Kindes oder Jugendlichen.

- Wo ein Band reißt, da muss es zuvor längere Zeit Spannungen auf einer anderen Ebene gegeben haben.

- Wenn ein Herzinfarkt droht oder eintritt, wurde das Herz lange Zeit verschlossen und die Gefühle wurden nicht bejahend gefühlt und ausgedrückt.
- Bevor eine schwere Krankheit oder ein schwerer Unfall auftaucht, ist meist in den zwei, drei Jahren zuvor etwas Einschneidendes im Leben des Betroffenen geschehen (Tod eines nahen Menschen, Verlassenwerden, Verlust von Arbeit oder anderes).
- Chronische Zahnprobleme und ein früher Zahnausfall beruhen fast immer darauf, dass schon das Kind in diesem meist braven Menschen nicht gelernt hat, seine Zähne zu zeigen, Stellung zu beziehen, Nein zu sagen und seine Wut auszudrücken.

Verhärtungen aufweichen

Wir sind in unseren Gedanken und in unserem Handeln oft sehr hart mit uns umgegangen. Dies hat auch in unserem Körper zu vielen Verhärtungen geführt, die nach Weichheit rufen. Es gibt drei uralte Mittel, die – auch als geistige Essenz – genommen werden können. Hierzu gehören der Lavendel (jeden Tag ein paar Tropfen auf den Puls der linken Hand geben). Das zweite ist der Honig (aus deiner Region), der öfter in Speisen gegeben werden sollte (auch eine Messerspitze in salzige Speisen). Und als Drittes hilft die rohe Karotte oder alles, worin viel Sonnenenergie gespeichert ist, wie Sonnenblumenöl und Olivenöl. Diese (Nahrungs-) Mittel weichen Verhärtungen in unserem Körper auf und lösen beispielsweise Kalkablagerungen. Die Weichmacher auf der geistigen Ebene sind die Liebe und das Fühlen der bisher abgelehnten Gefühle.

Jeder hat recht

Wie viel Energie wird nutzlos verschwendet, wie viele Streitgespräche werden sinnlos darüber geführt, ob der eine recht hat oder der andere? Jeder Mensch betrachtet die Welt und das Leben, sich selbst und andere Menschen immer nur durch die Brille seiner eigenen Erfahrungen und Überzeugungen. Jeder hat sein eigenes Menschen- und Weltbild. Niemand sieht sein eigenes Gesicht im Spiegel so, wie ein anderer es sieht, auch wenn wir das glauben.

Jeder Mensch hat aus seiner Sicht recht, ganz gleich, wie befremdlich ein anderer seine Gedanken finden mag. Wenn wir das verstehen, hilft es uns, die Andersartigkeit unseres Mitmenschen, Partners, Kollegen … zu respektieren und zwei Meinungen nebeneinander stehen zu lassen.

Auch ich will mit meinen Gedanken in diesem Buch niemanden von etwas überzeugen. Es ist einfach meine Wahrheit und es muss nicht deine sein. Sie unterscheidet sich in vielem von dem, was wir in Elternhaus, Schule und später gelernt haben und für falsch oder richtig halten. Es ist erstaunlich, mit welcher Wut oder Häme Menschen gegen die Wahrheit anderer anrennen, die sie nicht verstehen. Sie liegen im Krieg mit sich und der Welt, ihr Lieblingswort ist: »Aber …«

»Unser Herz kennt nur eine Wahrheit und die wird jeder früher oder später erkennen, wenn er sein Herz öffnet für die Liebe, aus der wir geboren wurden.«

Was du loslassen willst, bleibt meist an dir kleben

Viele Menschen sagen: »Ich versuche schon so lange, dies oder jenes loszulassen, aber es klappt nicht.« Vielleicht sind es schmerzhafte Erinnerungen, vielleicht ist es ein unangenehmes Gefühl oder die innere Beziehung zu einem Menschen.

Wenn wir etwas los-lassen wollen, dann wollen wir es oft los-werden. Wir sagen innerlich Nein, wollen uns von ihm trennen und verabschieden. Das funktioniert nicht, denn das, was wir ablehnen, was aber schon da ist, dem geben wir durch unsere Ablehnung Macht und Energie. Die innere Kraft, die wir aufwenden, um etwas loszulassen und loszuwerden, stärkt es. Es klebt regelrecht an uns fest.

Besonders unsere oft unfriedliche oder schmerzvolle Vergangenheit wollen wir am liebsten einfach abschütteln und hinter uns lassen. Erst wenn du dir selbst und anderen vergibst, was du verurteilt hast, wenn du Ja sagst zu dem, was geschehen ist (denn es ist ja schon geschehen), wenn du dein Herz öffnest für den Frieden mit dir, mit deinen Mitmenschen und mit all deinen Erfahrungen, dann lässt dich deine Vergangenheit los.

Öffne dein Herz, nimm dich selbst in die Arme und erkenne dich an. Lobe und wertschätze dich und deine Erfahrungen. Würdige deine Vergangenheit so, wie sie war.

Folge deinem Herzen und lebe deine ganz eigene Wahrheit

Die meisten Menschen leben gegen die Stimme ihres Herzens und passen sich aus Angst vor Ablehnung und davor, den anderen zu verletzen, ständig den Erwartungen der anderen, des Partners, der Familie und Freunde, an. Sie sagen: »Eigentlich würde ich ja gern was anderes leben oder tun, wenn ich könnte.« Das ist nicht nur ein Verrat am eigenen Herzen, sondern auch an unseren Mitmenschen. Hierdurch fordern wir sie auf, auch ihr Herz zu verraten. Erkunde, was sich für dich stimmig und wahr anfühlt, und lebe danach. Wer in seinem Leben seinem Herzen folgt, ist das Licht in der Welt, das auch seinen Mitmenschen den Weg in das von Freude erfüllte Mensch-Sein zeigt.

Wenn du morgen sterben würdest ...

Angenommen, du würdest erfahren, dass du in wenigen Wochen das Leben hier in deinem Körper beendest, könntest du leicht und mit einem erfüllten Herzen gehen? Welche Gefühle und welche Gedanken löst diese Vorstellung in dir aus? Geh mutig nach innen und nimm dir Zeit, das zu erforschen. Geh in deiner Fantasie oder in einer Meditation an das Ende dieses Lebens im Körper und nimm aufmerksam wahr, was geschieht.

Ganz gleich, ob du in Kürze oder in 30 Jahren aus deinem Körper gehst, lass dich nicht davon überraschen, dass deine Zeit hier begrenzt ist. Rufe nicht erst unbewusst einen Unfall oder eine schwere Krankheit auf den Plan deines Lebens, damit du beginnst, die Kostbarkeit des Lebens im Körper zu erkennen und wertzuschätzen.

Wer sich mit dem unvermeidlichen Sterben des Körpers konfrontiert, wird nicht depressiv, sondern fängt oft erst dann an, wirklich zu leben. Er nimmt nichts mehr für selbstverständlich, erzeugt Bewusstheit und spürt Dankbarkeit für die täglichen Geschenke und den Genuss des Lebens im Körper, für den **REICHTUM** des Augenblicks, für  das Atmen, Gehen, Fühlen, Hören, Sehen, für Sonne, Regen, Nebel, Schnee, Wind und Gewitter, für die Begegnung mit jedem Menschen, für den **GENUSS** des Essens und Trinkens, für das **GESCHENK** der Gemeinschaft und Tausend anderes.

Verschwende deine Tage nicht mit Dingen, die du »eigentlich« nicht tun willst. Verliere dich nicht weiter im Denken und Tun, sondern komm bewusst im Hier und Jetzt an und lebe dankbar, neugierig und bewusst die unendlich vielen Augenblicke jeden Tages.

Freiheit gehört zu deinem natürlichen Erbe

Unser Leben hier im Körper beginnt in Unfreiheit und Abhängigkeit von Menschen, die im Inneren selbst unfrei sind. Obwohl wir ab dem Alter von etwa 20 Jahren objektiv frei sind, unseren eigenen Weg in die Freiheit zu gehen, tun wir es nicht. Unsere unbewussten Verstrickungen mit Eltern, Geschwistern oder anderen Menschen halten uns ebenso unfrei wie unsere verurteilenden Überzeugungen über uns, über andere und über das Leben.

Wer im Inneren wie im Außen frei sein will, um seinen eigenen, authentischen Weg des Herzens zu gehen, möge sich in Besinnung und Meditation Zeit nehmen für alles, was sich in ihm nicht frei anfühlt, besonders seine Gefühle wie Angst, Wut, Schuld oder Scham.

Unser Weg in die Freiheit führt über das Wahrnehmen, Bewusstmachen, die Annahme und das Durchfühlen alles Unfreien in uns, mit dem Entschluss:

»Ich entscheide mich jetzt, aus der Liebe zu mir selbst und zu meinen Mitmenschen, den Weg der Freiheit und des Friedens zu gehen. Ich öffne mein Herz für die Liebe zu allem Unfreien in mir.«

Ohne die Liebe und den tiefen Wunsch nach Frieden gibt es keine wirkliche Freiheit.

Bring deine Energien in Fluss, dann wird dein Leben zum Genuss

»Probleme« im Körper, in der Psyche, der Partnerschaft, Familie, Firma – egal ob ein Konflikt, ein materieller oder anderer Mangel, Erschöpfung, Burnout oder Depression –, all diese »Probleme« sind auf eine Energieblockade, auf ein Nicht-Fließen von Energie zurückzuführen. Alles will fließen, das Blut, die Lymphe, der Atem, die Gefühle (Freude wie Angst), das Geld, die Waren wie auch die Liebe. In der von Menschen unberührten Natur wie im Universum ist alles ständig im Fluss. Nur der Mensch bringt durch sein unbewusstes Denken, sein Verurteilen, sein Nein zu dem, was ist, durch sein Nicht-Annehmen und Nicht-Lieben die Energien zum Stocken und erzeugt Leiden.

Schreib einmal auf, wozu du (noch) alles Nein sagst, was du ablehnst und nicht willst, obwohl es doch da ist oder bereits so geschehen ist. Jedes Nein, jede Ablehnung und jede Verurteilung erzeugt eine Baustelle in deinem Leben, in deinem Körper und in deinen Beziehungen – und der Energiefluss stockt.

Nimm dir Zeit für das Anhalten und INNEHALTEN, für das annehmende Spüren und Fühlen aller Gefühle, für das liebende Mit-dir-Sein. Entscheide dich für den Frieden mit allen Personen der Vergangenheit und Gegenwart und mit dir selbst. Bewege dich nach innen – dann kommt dein Leben in Fluss und wird wieder zum Genuss.

Lebe frei und unverschämt

Am Anfang dieses Lebens warst du ein Kind, das nichts anderes wollte, als lachen, spielen, sich und die Welt entdecken, lernen und seine Freude mit anderen teilen. Du warst Liebe und Freude pur. In den darauffolgenden Jahren lerntest du von großen Menschen, die selbst im Inneren verletzte, angepasste Kinder waren, die ihr Herz schon lange verschlossen hatten für die Liebe, dass du so, wie du bist, nicht in Ordnung wärst, dass du dich bessern, anpassen und lernen müsstest, ein »guter« Mensch zu werden.

Aber in dieser Zeit warst du abhängig, wolltest dazugehören und hast dich nach AUFMERKSAMKEIT, LIEBE, ANNAHME gesehnt, weil diese Energie dich nährte. Aus den vielen kritisierenden, herabsetzenden und korrigierenden Rückmeldungen hast du geschlossen, dass du nicht in Ordnung bist, nicht richtig, nicht liebenswert und gut.

In diesen ersten Jahren der Unfreiheit und Abhängigkeit hast du gelernt, Scham, Schuld, Minderwertigkeit, Angst und Kleinheit in dir zu züchten durch deine dich selbst abwertenden Gedanken. »Was sollen denn die Nachbarn sagen? Schäm dich! Pass dich an und werde ›normal‹, so wie wir«, hieß die Aufforderung.

Später brauchten wir diese Sätze von außen nicht mehr. Wir hatten sie uns selbst so oft gesagt, dass wir nach ein paar Jahren einen

inneren Richter und Kritiker in uns gezüchtet haben, der die Aufgabe unserer Eltern übernahm. Und noch heute, wo wir im Außen
frei sind, ein Leben unserer Wahl zu führen, leben die meisten noch
immer unter der Knute und Aufsicht dieses inneren Aufsehers und
Mahners, der ihnen ständig zuruft: »Pass auf, was die anderen über
dich denken und sagen könnten. Sei normal wie sie. Schau, was sie
von dir wollen, und mach es ihnen recht. So kommst du hier über die
Runden!«

Erkenne deine Scham als das Werk der Unliebe zu dir selbst. Höre
auf dein Herz und lebe frei und unverschämt. Ruf der Welt zu:

*»Ihr dürft denken und reden über mich, was ihr wollt. Ich höre
auf mein Herz und bringe es täglich mehr zum Singen. Ich lebe ein
unverschämt freies, glückliches Leben!«*

107

Gib den Kampf auf – und vertraue!

Wir haben gelernt, uns von Gedanken und Überzeugungen im Leben lenken zu lassen, die seit Generationen weitergegeben werden. Die meisten dieser Gedanken beruhen auf Angst und trennendem Denken, auf der Verurteilung von uns selbst und anderen sowie auf einer Verurteilung des Lebens wie: »Das Leben ist hart, ungerecht, schwer. Im Leben bekommst du nichts geschenkt. Das Leben ist unsicher.« Solange wir solche Gedanken nicht infrage stellen, nach innen gehen und über unser Herz und unseren Körper erspüren, dass wir erst mit solchen verzerrten Gedanken Leid, Schwere, Stress, Konflikte, Krankheiten und Mangel erzeugen, drehen wir uns im Kreis. In schweren Zeiten kommt irgendwann die Stunde, wo du das Gefühl hast: »Ich kann nicht mehr.«

Das Leben meint es nur gut mit dir, auch wenn du es bisher vielleicht nicht glaubst. Das ist die Stunde des Vertrauens, die Stunde des Herzens. Trau dich, in dieser Stunde zu sagen:

»Ich gebe den Kampf, das Durchhalten, das Aushalten auf. Ich gebe es auf, so zu tun, als sei alles in Ordnung. Ich gebe es auf, es anderen recht machen zu wollen. Ich gebe es auf, meine Ängste und das Kind in mir zu ignorieren. Ich bin bereit, mich führen zu lassen, und öffne mein Herz für die Liebe und für das Vertrauen in die Führung des Lebens.«

Wer selbst nicht glücklich ist, lehrt seine Mitmenschen das Unglücklichsein

Andere lernen von dir vor allem durch das, was du bist, durch dein Sein, und durch das, was du durch dein Sein in die Welt ausstrahlst. Sie lernen weniger durch dein Tun. Bist du ein glücklicher, in sich ruhender Mensch, der das Leben liebt und genießt, werden sie das spüren. Sie werden auch so sein wollen und danach streben.

Bist du mit dir und der Welt im Unfrieden, bist du ein Vorbild für Unfrieden und deine Mitmenschen werden dir folgen und diese Welt unfriedlicher machen. Wenn du nicht glücklich bist, lehrst du sie das Unglücklichsein. Kämpfst du gegen andere, forderst du sie auf, ebenso zu kämpfen. Leidest du an diesem oder jenem, verurteilst, klagst und spielst das Opfer, dann beschwerst du dich und deine Nächsten mit deinem Leiden und forderst sie auf, auch das Opfer zu spielen und in sich Ohnmacht zu erzeugen. Ganz gleich, was du sagst oder tust: Wenn es nicht mit deinem Sein, mit dem, was du ausstrahlst, übereinstimmt, glaubt dir das niemand und es hat keinen Wert. Es ist dann eine Anleitung zur Heuchelei.

Sorge für **KLARHEIT**, **FRIEDEN** und **FREUDE** in dir, sorge für dein Glücklichsein, dann bist du ein Segen für jeden, der dir begegnet.

Pflege und gestalte eine aktive innere Beziehung zu dir

Es hat absolut nichts mit Egoismus zu tun, sich selbst wichtig zu nehmen und in bestmöglicher Weise für sich zu sorgen. Wenn das jeder tun würde, wäre diese Welt ein Paradies – und das wird sie werden. In der Kindheit jedoch sind viele aufgefordert worden: »Nimm dich nicht so wichtig!«

Du hast nicht nur Beziehungen zu anderen Menschen, zum Partner, zu deinen Kindern, Eltern, Freunden, Kollegen … Die erste und wichtigste Beziehung, die über die Qualität aller anderen Beziehungen entscheidet, ist deine innere Beziehung zu dir.

Diese besteht aus:

- deinen Gedanken und Überzeugungen über dich als Frau, als Mann, als Mensch, über deinen Wert, deine Talente, deine Liebenswürdigkeit und Liebesfähigkeit, über deine Vergangenheit, deine bisherigen Leistungen und deine Misserfolge und vieles mehr;
- deinem inneren Dialog mit dir, das heißt, wie du täglich mit dir und zu dir sprichst;
- deinem Umgang mit deinen Gefühlen, die du seit deiner Kindheit erzeugt hast und die heute andere Menschen und Ereignisse in dir hochholen;
- deinem Umgang mit deinem Körper und deiner Haltung zu ihm;
- deiner Bereitschaft oder Nichtbereitschaft, dir zu verzeihen, was du dir vorgeworfen hast. Du hast es so gut gemacht, wie du es konntest.

Wer die Verantwortung für seinen inneren Zustand mit Liebe und Geduld übernimmt, wer innerlich aufräumt, sich Zeit, Raum und Stille gönnt für sich selbst, für Besinnung, Meditation und das genussvolle Sein mit sich, der schafft zunehmend Klarheit in seinem Geist, Harmonie in seinen Gefühlen und eine Haltung der SELBST- ZENTRIERTHEIT und FREUDE AM LEBEN. Dieser Mensch ist für alle ein Segen, die ihm begegnen. Entscheide dich, dieser Mensch zu sein oder zu werden. Du kannst das.

Du bist und bleibst der wichtigste Mensch in deinem Leben

Der Mensch sehnt sich nach Zugehörigkeit, Wertschätzung und Liebe. Wer dies bei anderen Menschen sucht, muss enttäuscht werden, solange er zu sich selbst keine lebendige, bewusste und liebende Beziehung lebt. Du bist der wichtigste Mensch in deinem Leben, der deine Hauptaufmerksamkeit, Liebe und Wertschätzung braucht. Beende diese Suche und Sucht nach der Anerkennung durch andere, indem du dich entscheidest, deinem Inneren zuzuhören, deine Gedanken zu beobachten, deine Gefühle zu fühlen, deine Körpersignale wahrzunehmen und nach den Impulsen deines Herzens zu entscheiden. Schenke dir all das erst einmal selbst, was du dir von anderen wünschst. Dann ziehst du Menschen an, die auch angefangen haben, auf sich selbst zu achten und sich selbst zu lieben. Um die Heilung der Beziehung zu sich selbst und um die SELBSTLIEBE, SELBSTWÜRDIGUNG und SELBSTANNAHME kommt kein Mensch herum, der ein glückliches, erfülltes Leben führen will. Alles andere führt auf schmerzhafte Umwege.

Bring Licht und Liebe
in die dunklen Räume deines Inneren

In Elternhaus und Schule wurde uns täglich vermittelt, welche Eigenschaften und welches Verhalten man von uns erwartete: Ein möglichst freundliches, fleißiges, braves und angepasstes Kind sollten wir sein; hierfür gab es Pluspunkte, Lob, gute Noten und Aufmerksamkeit. In jenen Jahren haben wir gelernt, alles Abgelehnte an uns zu verstecken, zu verleugnen und zu verdrängen, etwa Neid, Wut, Trauer. Man sagte uns, dass wir nicht in Ordnung wären, nicht gut genug und wir uns anstrengen sollten, ein besserer Mensch zu werden. So erzeugten wir Scham, Kleinheit und Hass auf uns selbst und verdrängten dies nach innen. All das, was du an dir selbst bisher abgelehnt hast, wartet jetzt darauf, dass du es anschaust, anerkennst und dein Herz für diese deine Schöpfungen und Energien öffnest, um alles mit deiner Liebe zu umarmen und zu verwandeln. Das Verstecken macht keinen Sinn mehr. Jeder Mensch spürt sowieso, was hinter deiner Maske steckt, was echt ist und was nicht. Mach reinen Tisch mit dir und höre auf, dich selbst zu betrügen. Nimm dir Zeit für deine bisher ungeliebten Schöpfungskinder, die im dunklen Keller deines Inneren auf dich warten, und schenke ihnen Raum, Annahme und Liebe.

»Wahrhaftigkeit sich selbst gegenüber schenkt inneren Frieden, Gelassenheit, Verständnis und Toleranz.«

Manifestiere das Leiden nicht mit »Mir geht's nicht gut!«

Wenn du denkst oder sagst: »Mir geht's schlecht!« oder »Mir geht's nicht gut!«, dann entscheidest du dich unbewusst dafür, dass es dir auch morgen und übermorgen schlecht geht. Denn diese Sätze sind in der Gegenwart formuliert. Du wachst morgen früh auf und höchstwahrscheinlich denkt »es« in dir genau das dann wieder oder immer noch. Gehe bewusster mit deinen Worten und Gedanken um, besonders in Zeiten kleiner oder größerer Krisen, und untersuche fühlend, was genau dir fehlt oder wo in deinem Körper es dir an etwas mangelt. Nimm dir in solchen Phasen Zeit und Raum, um nach innen zu gehen. Schließe die Augen und fühle, was genau in dir los ist. Vielleicht stellst du fest: »Ich spüre in meiner Brust einen Druck, als ob ein großes Gewicht daraufliegt. Ich kann nicht tief durchatmen oder ich habe gerade Mühe, Luft zu bekommen!«

114

Entscheide dich dann, diese Empfindung deines Körpers wahrzunehmen und präzise zu benennen (Druck, Enge, Schwere, Spannung,
Leere, Schmerz … hier oder dort im Körper), nimm das eigentliche
Gefühl (die Emotion) dahinter wahr, etwa Trauer, Groll, Angst,
Kleinheit, Verzagtheit, Scham, Schuld, Einsamkeit … Und dann
entscheide dich bewusst für ein Ja zu dem, was da ist, indem du
beispielsweise sagst: »Aller Druck in mir und alle Trauer darf jetzt da
sein – ich bin bereit, das jetzt zu fühlen!«
Diese Haltung und Handlungsweise öffnet den Weg für das Fließen
der Energien und für Veränderungen deines Zustands. Dein Ja zum
präzisen Fühlen, was jetzt da ist, ist ein Schlüssel zur Veränderung.

Selbstzentriertheit ist Liebe

Selbstzentriertheit heißt: Konzentration auf dich selbst und auf deine Angelegenheiten. Bist du mit deiner Aufmerksamkeit den Tag über meist bei dir oder oft bei anderen, beispielsweise bei deinen Kindern, deinem Mann, deinen Eltern? Kümmerst du dich in deinem Alltag um dich selbst als dem Wesentlichen deines Lebens? Denkst du bewusst Gedanken der Liebe, des Verstehens und Vergebens? Fühlst du deine Gefühle bejahend? Handelst du aus der Liebe zu dir und zu deinen Mitmenschen? Die Wahl, die wir hier treffen, heißt: Selbstzentriertheit oder Du-Sucht. Wir sind oft süchtig danach, unsere Nase und unsere Gedanken in die Angelegenheiten eines anderen zu stecken. Das fällt uns leichter, als unsere Verantwortung für uns und unser Inneres zu übernehmen.

SELBSTZENTRIERTHEIT ist eine Haltung der Liebe. Wer sich liebevoll um sich selbst kümmert, der ist für Kinder, Partner und alle anderen ein wunderbares Vorbild, der entlastet sie von seinen eigenen Energien, besonders seinen Ängsten, und gesteht ihnen ihren eigenen Weg zu.

»Würde sich jeder zunächst einmal um sich selbst kümmern und auf sich selbst konzentrieren, wäre die Welt um Tonnen sogenannter Probleme leichter.«

Zufriedenheit entsteht durch den Frieden in dir und mit dir selbst

Viele Menschen leiden an chronischer Unzufriedenheit, obwohl es ihnen an materiellem Wohlstand nicht mangelt. Sie nörgeln, jammern, klagen und beschweren sich über andere und über das Leben selbst. Aber sie übersehen, dass sie mit sich selbst im Krieg liegen und vieles an sich und ihrem Leben verurteilen, was sie doch selbst erschaffen haben (ohne sich dessen bewusst zu sein).

Um zu **GLÜCK**, **ZUFRIEDENHEIT** und **HARMONIE** sowie zu innerem Frieden und Freude am Leben zu finden, dürfen wir unserer inneren Befindlichkeit, den Signalen und Symptomen unseres Körpers, unseren grundlegenden Gedanken über uns selbst und über das Leben und ganz besonders unseren Gefühlen liebevoll unsere Aufmerksamkeit und Zeit schenken. Bevor sich etwas im Außen ändern kann, braucht es eine Veränderung im Innen. Und diese beginnt mit dem Wahrnehmen und Beobachten dessen, was jetzt im Moment da ist – und es in einem zweiten Schritt anzunehmen und zu fühlen: *»Alles in mir und in meinem Leben darf jetzt da sein«*, heißt der Schlüsselsatz. Abzulehnen, was schon da ist, macht keinen Sinn. Alles, was da ist, gehört zu unseren eigenen Schöpfungen und diese wünschen sich von uns Zuwendung, Annahme, Anerkennung, Würdigung und Liebe. Hierdurch entsteht Frieden und Zufriedenheit in uns, dadurch kann sich unsere Außenwelt wandeln.

Sag Nein, wenn sich etwas für dein Herz nicht stimmig anfühlt

Viele Frauen und Männer verraten täglich ihr Herz, indem sie anderen zuliebe etwas tun, was sie eigentlich nicht wollen. Wenn dein Partner mit dir Sex wünscht, du aber keine Lust dazu hast oder dies nicht wirklich willst … wenn jemand mal wieder Geld von dir »leihen« will, du aber weißt, dass er es nicht zurückgeben wird … wenn deine Freunde dich drängen, doch dies oder jenes mit ihnen zu machen, es sich für dich aber nicht stimmig anfühlt …, dann habe den Mut, zu dir zu stehen und sage: »NEIN!«

Es ist ein Nein in der Liebe zu dir und nicht gegen den anderen, auch wenn dieser dich drängt oder gar versucht, dich zu erpressen oder dir ein schlechtes Gewissen zu machen.

Ein »alter Schuh«, also ein Verhaltensmuster, das wir in der Kindheit gelernt haben, heißt: »Ich muss es anderen recht machen.« Wir haben es gelebt, weil wir Angst hatten, dass andere uns verlassen oder beleidigt, verletzt oder böse auf uns sind. Es ist das verletzte, ängstliche Kind in uns, das uns drängt, faule Kompromisse mit unserem Herzen zu schließen. Schuldgefühle anderen gegenüber machen uns erpressbar und (ver-)führen uns zum Verrat am eigenen Herzen.

Wer aus der Liebe zu sich und aus der Treue zu seinem Herzen zu seiner Wahrheit steht und Nein sagt, ermutigt auch andere, ihre Herzenswahrheit zu leben. Wer es nicht tut, fordert auch andere auf, ihr Herz zu verraten, und fühlt sich im Leben oft verraten, betrogen und verlassen. Lebe deine ganz eigene Wahrheit und stehe zu dir, ganz gleich, ob andere dich hierfür verurteilen.

»Sei deinem Herzen treu!«

Mach dein Denken zum Danken

Wer die vielen Geschenke des Lebens übersieht und nicht bewusst und dankbar annimmt, erzeugt Mangelzustände in seinem Leben. Das Leben selbst ist schon ein großes Geschenk, das wir wertschätzen und dankbar und bewusst genießen sollen. Undankbarkeit und Unbewusstheit sind Mangelerzeuger. Wer etwa seinen Körper nicht dankbar genießt und ihm für sein Dienen dankt, darf sich nicht wundern, wenn er krank wird. Deine dankbare Aufmerksamkeit für die vielen kleinen und großen Geschenke des Tages ist ein zentraler Schlüssel für Fülle und Erfüllung in deinem Leben:

- Danke für den neuen Tag, für dein Atmen und dein Sein.
- Danke dafür, dass du leben, lieben, lachen und weinen kannst.
- Danke, dass du dich und andere beschenken und dass du empfangen kannst.
- Danke für Mutter Erde, ihre Schönheit und ihre tausend Geschenke, ihr Ernähren und ihr Gebären.
- Danke dafür, dass du denken und fühlen, sprechen und zuhören, berühren und dich berühren lassen kannst.
- Danke für dein Herz, das dich führt, wenn du auf seine Stimme hörst.
- Danke für jede Begegnung mit anderen, jede Berührung, für jeden Augen-Blick.
- Danke für dein Frausein oder Mannsein und das Geschenk der Sexualität.

- Danke dafür, dass du deine Lebenswirklichkeit erschaffen und gestalten kannst.
- Danke für die Möglichkeit, dich neu entscheiden zu können.
- Danke, dass du dir und anderen vergeben und dich im Herzen mit anderen verbinden kannst.
- Danke dem Leben für tausend weitere Geschenke.
- Und danke dir selbst für die Wege, die du gegangen bist, für deinen Mut, für deine Erfahrungen, für dein Sein.

Schreibe jeden Abend zehn Minuten lang auf, was du am Tag empfangen hast und wofür du dich bedanken kannst. Verfasse für drei Monate ein Tagebuch der Dankbarkeit. Damit erschaffst du ein Dankbarkeitsbewusstsein, das noch mehr Fülle in dein Leben zieht.

Wähle deinen Weg

Die meisten Menschen leiden unter Unklarheit. Sie sagen zwar, was sie nicht wollen, aber wissen selten, was sie wirklich wollen – und stehen folglich im Nebel. Befrage dein Inneres, dein Herz, was dir das Wichtigste in deinem Leben sein soll, welche Qualitäten, welche Richtung dein Denken, Sprechen und Handeln haben soll. Wenn du das nicht tust, entscheidet dein Unbewusstes über deinen Weg und du erschaffst Zustände und Ereignisse, die du nicht wirklich willst und unter denen du dann leidest.

Du kannst dich beispielsweise für ein Leben aus dem Herzen, für den Weg der Liebe entscheiden. Er führt dich zurück zu deinem natürlichen Zustand, zu innerem und äußerem Frieden, zur Freude, zur Freiheit und in die Fülle, in ein erfülltes Herz. Entscheide dich für eine liebende, verständnisvolle Verbindung zu allen Menschen aus dem Bewusstsein heraus, dass wir alle aus einer GÖTTLICHEN QUELLE, aus der All-Liebe stammen und unser Herz sich wünscht, dass wir uns alle unserer göttlichen Liebesnatur erinnern wollen und werden, früher oder später. Entscheide dich, dein Liebespotenzial und die Macht der Liebe zu entdecken, die von Natur aus in dir angelegt ist. Widme dich dem in dir und in deinen Mitmenschen, was du bisher noch nicht liebst.

Genieße dein Leben in vollen Zügen

Einer der wirkungsvollsten und schnellsten Wege zur Fülle ist der Weg des Genießens. Wer genießt, ist in der Gegenwart. Wer genießt, der nimmt dankbar an. Wer genießt, der empfängt viel Energie und wird zum Magneten für mehr Energie.

Ich empfehle dir: Sei mit den schönen Dingen des Lebens. Entdecke die Schönheit im Kleinen wie im Großen. Du musst das Schöne nicht einmal besitzen, um es genießen zu können. Genieße mit all deinen Sinnen, mit deinen Augen, deinen Händen, deinen Ohren, mit deiner Haut, mit deiner Zunge und deinem Gaumen; genieße mit deinem Herzen und mit deinem Bauch, genieße die Erde und den Himmel, das Sichtbare und das Unsichtbare. Überprüfe für dich: Wie viel Genuss ist in deinem Leben?

- Kann ich wirklich genießen?
- Wie oft genieße ich in meinem Alltag?
- Genieße ich das Essen, das Mit-mir-Sein, das Mit-anderen-Sein?
- Genieße ich die Sonne und den Regen?
- Genieße ich die Musik und die Bilder, die Bücher und die Filme?
- Genieße ich mein Atmen und meinen Körper?
- Genieße ich meine Sexualität?
- Genieße ich es, mit meinem Kind zu spielen?

Wer schlecht über Dritte spricht, vertieft den eigenen Schmerz

Wenn ein Mensch nicht glücklich ist, dann sucht er hierfür unbewusst Schuldige, denn es erfordert Mut, sich einzugestehen und zu erforschen, wie man selbst sein Unglücklichsein erschaffen hat und jeden Tag aufrechterhält. Solche Menschen sind schnell bereit, Fehler und Falschheit bei anderen zu suchen und sich darüber zu empören. Hierdurch vertiefen sie ihr eigenes Leid und den eigenen Schmerz, dessen Wurzel in Selbstverurteilung und Selbsthass steckt. Gerüchte, Tratsch und Klatsch vertiefen nicht nur Trennung und Unfrieden zwischen dir und deinen Mitmenschen. Du trennst dich hierbei jedes Mal von deinem Herzen und von der Liebe. Und das verursacht immer Schmerz.

Wenn jemand anfängt mit Sätzen wie: »Hast du schon gehört, dass er/sie …?«, dann halte inne und gib acht, welche Entscheidung du jetzt, in diesem Moment, triffst. Bist du dankbarer Empfänger einer Verurteilung, die du morgen weiterverbreitest? Willst du wirklich den Graben zwischen Menschen vertiefen, dich an Ausgrenzung und Krieg beteiligen und den Unfrieden in dir selbst schüren? Oder kannst du dich fragen: »Wer weiß, wie die Wahrheit dahinter aussieht? Wer weiß, warum dieser oder jener so gehandelt hat? Wer weiß, wozu dieser Vorgang den Beteiligten dient?«
Wenn du (schon) kannst, bleib in deiner Mitte und verbunden mit deinem Herzen, sei im Außen neutral und ergreife nicht Partei. Halte dein Herz für beide Seiten offen.

»Baue Brücken für Frieden und Verständigung.«

Spiritualität und materielle Fülle sind keine Gegensätze

Viele Menschen, die sich für spirituell halten, werten die materielle Seite des Lebens oft ab und erschaffen sich damit Geldmangel, Misserfolge und Schulden. Trifft dies vielleicht auch auf dich zu? Hast du bisher auch gedacht, dass die nichtmateriellen Dinge wie Meditation, anderen zu helfen, für etwas zu kämpfen, das Lesen guter Bücher und Ähnliches, wertvoller sind als beispielsweise ein schönes Auto, eine herrliche Wohnung oder ein gutes Einkommen?

Vielleicht bist du bereit zu erkennen, dass du dich durch solche Gedanken getrennt hast von der materiellen Seite des Lebens. Es gibt im ganzen Universum keine Trennung, nur in unserem Denken gibt es sie. Alles ist EINS. Alles hängt mit allem zusammen, so auch die Materie und der Geist. Materie ist materialisierter Geist. Und alles will geliebt sein, die Engel wie die Currywurst, die Meditation wie das Fußballspiel.

Bitte erforsche auch hier, was es in deinem Kopf denkt über Reichtum, über Luxus, über die Reichen dieser Welt, über Superyachten, über schöne Häuser, über große Autos, über Paläste ... Spüre, auf welcher Seite des Lebens du stehst.

Liebe deine Arbeit genauso wie deine Freizeit

Viele Menschen trennen zwischen Arbeit und Freizeit. Die Arbeit wird ab- und die Freizeit aufgewertet. Da viele ihre Arbeit nicht lieben, kann auch nichts Gutes daraus hervorgehen. Arbeite mit Liebe und **DANKBARKEIT**. Mach deine Arbeit bewusst und so gut wie nur möglich. Denn Arbeit ist sichtbar gemachte Liebe.

Frage dich: Welches Verhältnis habe ich zu meiner Arbeit? Mache ich sie gerne? Fällt sie mir leicht? Bin ich dankbar, dass ich sie machen darf? Bin ich dem Unternehmen dankbar, für das ich arbeite? Mit welcher Einstellung bin ich tagsüber bei meiner Arbeit? Widme ich mich ihr mit Hingabe, mit großer Aufmerksamkeit, mit Liebe? Wenn du hier öfter mit Nein antworten musstest, dann frag dich: »Was hält mich davon ab, meine Arbeit zu lieben? Was denke ich über meine Arbeit, meine Firma, meine Selbstständigkeit, über meine Vorgesetzten oder Kollegen?

Schreib die Antworten und alle Gedanken auf, die dir im Zusammenhang mit Arbeit im Allgemeinen und mit deiner Arbeit im Speziellen in den Sinn kommen. Und schaue dir danach diese Gedanken an. Verstehst du jetzt, warum du dich bei deiner Arbeit so fühlst, wie du dich fühlst?

Verliere deine Energie nicht beim Helfen und Retten

Viele Menschen, besonders solche in Helferberufen, also Ärzte, Therapeuten, Krankenpfleger …, verlieren täglich ihre Energie beim Helfen oder Retten von anderen. Nach zwei, drei Jahrzehnten sind sie leer, erschöpft und krank. Dieses Helfen ist ein unbewusstes Aufopfern, aber kein wahres Lieben. Wir werden unbewusst zu einem Helfer oder einem Helferberuf geführt, weil etwas in uns selbst heilen will, weil in uns jemand ist, der nach Hilfe sucht. Solange wir unsere eigenen inneren Baustellen nicht geklärt und das verletzte Kind in uns geheilt und ins Herz genommen haben, geben wir unsere Kraft beim Helfen an andere ab.

Höre den Ruf nach deiner eigenen Liebe in dir, schenke sie dir und halte dein Energieniveau. Dann hilfst du nicht nur durch dein Tun, sondern durch dein Liebesein.

Lass dich fallen, lass dich gehen, lass dich erinnern

Nutze deinen nächsten freien Tag, um der Geschäftigkeit des männlichen Prinzips, dem Machen, Tun, Denken und Kontrollieren, etwas Wunderbares entgegenzusetzen: das zulassende weibliche Prinzip. Genieße den Tag mit **MÜSSIGGANG** und Muße, geh auf die Wiesen, zieh die Schuhe aus und bestaune die Schönheit der Blüten, leg dich auf Mutter Erde und fühle dich eins mit ihr. Lass dich fallen und lass geschehen, ohne auf die Uhr zu schauen.

Mutter Erde erinnert uns mit ihrer Schönheit und Fülle an unsere eigene innere Schönheit und an die Urfreude am Mensch-Sein, die in unseren Zellen gespeichert ist. Geh auf deine Weise im Nichttun nach innen, atme und rieche ganz bewusst, fühle dein schlagendes Herz. Es möchte genauso singen vor Freude wie die Vögel am Morgen. Und es enthält alles, was du für ein glückliches Leben brauchst: unendliche Liebe, überschäumende Freude und tiefste **WEISHEIT**, die dich auf dem Weg der Liebe führen will.

Aus dem »Opfer-Bewusstsein« aussteigen

Der Wunsch nach einem Partner, einer Partnerin beruht in den meisten Fällen auf dem Wunsch nach Sicherheit in einer im Außen unsicher erscheinenden Welt und auf der Angst, eventuell allein zu bleiben. Wir wollen zu jemandem gehören und einen Menschen für uns allein haben, um mit ihm Geborgenheit, Freude und viele andere schöne Gefühle zu erleben.

Zu Anfang der Beziehung scheint der andere uns das auch bieten zu können, bis wir entdecken, dass er nicht alle unsere Wünsche erfüllen kann, dass er unserem Ideal nicht entspricht und außerdem selbst voller Emotionen steckt, die wir bei ihm auslösen. Und wir erleben, dass auch er bei uns die »Knöpfe« drückt.

Nur wenigen ist bewusst, dass diese Ent-Deckungen und Ent-Täuschungen wichtige Erfahrungen und Meilensteine auf dem Weg sind, um uns selbst und vor allem unsere Innenwelt kennenzulernen und sie zu klären. Hierzu gehören die von uns abgelehnten, verdrängten und verleugneten Gefühle wie Angst, Minderwertigkeit, Scham, Schuld, Neid, Eifersucht, Wut, Ohnmacht – es sind die Gefühle des Kindes in uns. Und hierzu gehören auch die vielfältigen Verstrickungen mit Mutter, Vater und den Geschwistern, die wir im ersten Jahrzehnt unseres Lebens zusammen mit diesen erschufen.

Solange wir mit diesen Schlüsselpersonen unserer Kindheit nicht Frieden geschlossen und erkannt haben, dass sie nicht anders konnten (so wie wir selbst auch nicht), solange wir unsere Urteile ihnen gegenüber nicht zurückgenommen haben, solange wiederholen wir diese leidvolle Vergangenheit in unseren Partnerschaften, bis wir aufwachen, die Zusammenhänge erkennen und uns selbst zum ersten LIEBESPARTNER werden.

Die Zeit heilt keine Wunden

Jeder Unfriede mit einer Person oder einem Ereignis deiner Vergangenheit holt dich irgendwann wieder ein, solange er von dir nicht in Frieden verwandelt wurde. Er macht sich in erneuten Konflikten, Mangelzuständen oder körperlichen Beschwerden bemerkbar. Denn die Zeit heilt keine Wunden, sie hilft nur beim Verdrängen.

Du trägst deine gesamte Vergangenheit jeden Tag mit dir herum und strahlst aus, wie du zu ihr stehst: ob du sie anerkennst und wertschätzt oder ob du sie verurteilst. Jeder Augenblick deines Lebens, von deiner Zeugung an, ist in dir gespeichert – samt Gedanken, Gefühlen, Körperempfindungen und allen Erfahrungen. Aber du kannst diese gespeicherte Vergangenheit verwandeln.

Ganz gleich, wie hart und schmerzhaft deine Erfahrungen waren, nur du allein kannst sie heilen, dir selbst und den anderen vergeben und deine Schöpferkraft bewusst und mit Liebe in Besitz nehmen. Entscheide dich jetzt für Frieden mit dir selbst und allen anderen Menschen, allen voran mit Mutter, Vater, Bruder, Schwester und Expartner. Lass die alten Wunden heilen! Aus Wunden entstehen Wunder, wenn du dein Herz öffnest für den Schmerz und deine noch nicht angenommenen und verwandelten Gefühle.

»Die Liebe heilt alles, ohne Ausnahme.«

Schenke dem anderen das, was du von ihm wünschst

Wenn dein Partner, deine Freundin, dein Kollege, deine Chefin dich ablehnt, zurückweist, kritisiert, dir nicht zuhört oder dir den Rücken zukehrt, dann kann er oder sie (im Moment oder noch) nicht anders. Wenn du denkst: »Er oder sie sollte aber doch …«, dann kämpfst du gegen die momentane Wirklichkeit. Auch im Gegenüber steckt immer ein Kind, das oft verletzt, trotzig, bockig, beleidigt reagiert, das sich selbst verurteilt und (noch) nicht lieben kann. Der andere kann nicht anders, so wie du oft nicht anders konntest.

Nimm deine Erwartungen an andere zurück und erkenne das bedürftige, sich nach Liebe und Annahme sehnende Kind in dir, das auf deine Liebe wartet. Schenk dir selbst all das, was du dir von deinem Gegenüber wünschst: Verständnis, Zuhören, innere Nähe, Freundschaft, Toleranz, Annahme, Zärtlichkeit, Liebe, Treue … Öffne dein Herz für das annehmende Fühlen deiner Gefühle. Du hast sie erschaffen, sie sind deine »Babys«. Und wenn du das kannst, dann schenke dem anderen das, was du dir von ihm wünschst.

Du hast ein Herz, das lieben kann. Verschenke deine Liebe, aber erwarte keine Gegengeschenke. Das Lieben selbst nährt dich. Und die Liebe vermehrt sich, je mehr du sie verschenkst. Du bist von deiner Natur LIEBE.

Wes Geistes Kind bist du?

Die wichtigste Frage für dein Leben heißt: Wes
Geistes Kind bin ich? Mit welcher grundlegenden Geis-
teshaltung und Einstellung gehst du durch deine Tage? Bist
du ein Mensch des Friedens oder der Verurteilung? Bist du ein
Mensch, der integriert, oder einer, der trennt? Bist du ein Mensch,
der sich selbst und andere erfreut oder der Depression in sich und
der Welt verbreitet? Was sind deine wesentlichen Gedanken über
dich, über die anderen und das Leben? Bist du ein Mensch,
der die Welt und das Leben anderer bereichert und
verschönert? Oder jemand, der Unruhe, Unfrieden,
Zwietracht sät und zum Krieg beiträgt?
Nimm dir für die Beantwortung
dieser Frage viel Zeit.

Aus der Dunkelheit zum Licht, aus der »Scheiße« zum Gold

So wie der Lotus unten mit seinen Wurzeln im Schlamm steckt, um oben zu größter Schönheit zu erblühen, stecken auch unsere Lebenswurzeln in Erfahrungen der Unfreiheit, Zurückweisung, Verurteilung und Unbewusstheit. Wir lernen zu glauben, das Leben an sich sei leidvoll und ungerecht, wir selbst seien ungenügend und schlecht und andere Menschen seien die Ursache für das Böse in dieser Welt. Unser Herz sagt uns, dass dies nicht die letzte Wahrheit ist.

Erst wenn wir uns dem Gedanken öffnen, dass jede Erfahrung ihren Wert hat und gemacht werden wollte, erst wenn wir unsere eigene uns innewohnende Liebeskraft entdecken, indem wir unser Herz öffnen für das Lieben, die Vergebung, das Vertrauen und die innere Führung, beginnen wir unsere Blüte auszutreiben und zu öffnen und entdecken unsere eigene unendliche SCHÖNHEIT.

Alles, was wurde, will von dir gewürdigt und gesegnet werden. Lobe und liebe dich für alles, was hinter dir liegt, nimm dich selbst in die Arme und entscheide dich, dir selbst die beste Freundin, der beste Freund zu sein – und du entdeckst, dass aus der »Scheiße« von damals Gold, ein echter Schatz geworden ist, der in die Welt strahlt und anderen den Weg zeigt, ihr eigenes Licht zu finden.

Gestehe deinem Partner zu, dass er anders ist

Viele Menschen denken oder sagen häufig: »Mein Partner sollte …« oder »… sollte nicht …«. Sie glauben, sie könnten nicht glücklich sein, solange ihr Mann (oder ihre Frau) sich nicht ändern würde. »Er (oder sie) sollte … mehr auf sich und sein Äußeres achten, sich mehr Zeit für mich nehmen, mir besser zuhören, mehr mit mir unternehmen, meinen Geburtstag nicht vergessen, mehr an sich arbeiten, dieses Buch lesen …« Sie knüpfen ihre Liebe und Wertschätzung für den anderen daran, dass er sich ihnen anpasst und ihre Erwartungen und Wünsche erfüllt. Sie wollen, dass er (sie) sich in ihrem Sinne verändern möge. Diese Haltung ist menschlich und verständlich, hat jedoch nichts mit Liebe zu tun und muss über kurz oder lang zu Konflikten und Enttäuschungen führen. Viele meinen es gut mit ihrem Partner und wollen das Beste für ihn. Aber die Botschaft, die bei ihm ankommt, lautet: »So wie du jetzt bist und dich verhältst, kann ich dich nicht lieben! Du bist für mich so nicht in Ordnung! Ändere dich, sonst verlasse ich dich.« Diese Botschaft hat dein Partner auch bei seinen Eltern oft gehört und darum wehrt sich das Kind in ihm, wird trotzig, traurig oder wütend und sagt: »Lass mich in Ruhe!« Wenn du einen glücklichen Partner wünschst, dann schenke ihm mit dir einen Partner, der mit sich selbst und dem Leben im Reinen ist, der Freude an seinem Sein und Tun hat, sich selbst liebt, gut für sich sorgt und aus dem Mangeldenken »Ich brauche von dir, dass du ...« aussteigt. Nimm dich selbst und deinen Partner so an, wie du bist, wie er jetzt ist. Dann hat er in eurer Beziehung Luft, sich zu verändern, wenn er es selbst will und kann.

So wie du atmest, so lebst du, so wie du lebst, so atmest du

Im Atmen finden wir den Kontakt mit dem Leben in diesem Körper, das mit unserem ersten Atemzug beginnt und mit dem letzten endet. In der Art, wie wir atmen, erkennen wir unsere (meist unbewusste) Einstellung und Haltung zum Leben.

Das Einatmen ist der männliche Part des Atmens. Hier nehmen wir uns Lebensenergie, von der unser feinstofflicher und grobstofflicher Körper lebt. Im Ausatmen, dem weiblichen Part, lassen wir los, wenn wir vertrauen, dass danach auch wieder ein Einatmen erfolgen kann. Viele Menschen atmen flach, weil sie in der Kindheit aufgehört haben, ein Ja zum Leben und zu sich selbst zu sagen. Andere haben Probleme beim Ausatmen (nicht nur Asthmatiker). Ihnen fehlt es an Vertrauen ins Leben, sie können sich nicht fallen lassen.

Erforsche, wie groß dein Ja zum Leben und dein Vertrauen ins Leben ist. Unsere Neins können wir bewusst zurücknehmen, unsere Ängste durch bejahendes Fühlen verwandeln. Atemfluss heißt Lebensfluss.

 Setz dich täglich bewusst 10 bis 15 Minuten hin und atme sanft und tief ein und aus, finde deinen Rhythmus. Schon nach wenigen Tagen spürst du, dass du tiefer zu atmen beginnst.

Lass Schwäche, Unklarheit und Verzagtheit zu

In dieser Rüttel- und Schüttelbrettzeit erleben viele von uns Phasen (manchmal Stunden, Tage oder gar Wochen), in denen sie sich schwach und verzagt fühlen und im Moment nicht klar sehen, wo ihr Weg langgeht. Verurteile dich nicht dafür, das ist typisch für diese Zeit und es ist wichtig.

Nimm dir bewusst Zeit für Körperempfindungen wie Schwäche, Schwere, Enge, Druck und für die damit verbundenen Gefühle wie Verzagtheit, Ohnmacht, Trauer. Geh bewusst und bejahend in diese Gefühle und sag dir: *»All das darf jetzt da sein in mir. Ich bin bereit, das zu fühlen und anzunehmen.«*

Öffne dein Herz und deinen Geist dafür und sag: »Ich liebe mich mit allem, was in mir ist und was ich jetzt fühlen darf.« Sorge in diesen Phasen besonders gut für dich. Nimm ein Bad, mach einen Spaziergang, leg dich in die Sonne, höre schöne Musik oder gönne dir einfach einen Aus-Tag im Bett.

Jede Ablehnung oder Abwehr dagegen verlängert diese Phasen nur. Wir dürfen darauf vertrauen, dass wir gut durch diese bewegte und uns bewegende Zeit geführt werden, wenn wir uns hingeben, das Kämpfen und Durchhalten aufgeben und uns fallen lassen. Sag dir liebevoll: *»Ich darf jetzt schwach sein und mich auch damit lieben.«*

Dein Herz weiß es besser

Wenn es darum geht, einen neuen Weg im Leben einzuschlagen, sagen viele Menschen: „Leichter gesagt, als getan." Oder: „Das ist aber schwer umzusetzen." Allein diese Gedanken hindern uns daran, ab sofort in die Richtung eines neuen, glücklichen Daseins mit Liebe zu uns und zu anderen, im Frieden mit uns selbst, unserer Vergangenheit und unseren Mitmenschen zu gehen. Nach deinem Denken geschieht dir. Wenn du glaubst, es sei schwer, kann es nicht leicht werden.

Es ist unser Verstand, der nur die Vergangenheit kennt, aber keine Ahnung davon haben kann, was das Morgen bringen könnte, wenn du dich wie ein Kind für das Neue öffnest und dich völlig naiv entscheidest und zu dir und dem Leben sagst: *»Ich öffne mich für einen neuen Weg in meinem Leben, für den Weg meines Herzens, den Weg der Liebe. Ich bin bereit, auf mein Herz zu hören und aufzuhören, es zu verraten.«*

Tu jeden Tag etwas für dich, geh nach innen, beantworte die wesentlichen Fragen und lebe die einfachen Dinge bewusst:

- Was soll das Wichtigste sein in meinem Leben?
- Worauf kann ich jeden Tag achten?
- Will ich auf mein Herz hören oder auf meinen Verstand?
- Wie will ich einmal sterben, wie will ich dieses Leben in diesem Körper beenden?

Vergebung und Frieden sind die wichtigsten Schlüssel zu Glück und Fülle

Je mehr Unfrieden mit anderen Menschen in uns ist, desto verschlossener ist unser inneres Haus, unser Energiekörper, und desto weniger empfangsbereit sind wir für die Geschenke des Lebens. Wir sind dann einfach zu. Vergebung und Frieden gehören zu den wichtigsten Schlüsseln zu Glück und Fülle in unserem Leben. Nutze sie!

Nimm Papier und einen Stift und liste all die Menschen deiner Vergangenheit oder Gegenwart auf, denen du bis heute etwas noch nicht verziehen hast, mit denen du bis heute noch nicht hundertprozentig im Reinen bist, denen du bis heute noch nicht danken kannst für die Erfahrungen, die du mit ihnen gemacht hast. Möglicherweise benötigst du hierfür mehr als ein Blatt Papier, wenn du sehr ehrlich und tief in dir forschst.
Wünsche dir als Erstes den Frieden des Herzens mit all diesen Menschen und entscheide dich, diesen Friedensweg konsequent zu gehen. Sprich innerlich mit jedem einzelnen von ihnen und bitte sie um Vergebung und vergib du ihnen gleichzeitig. Mach dir bewusst, was du aus der Erfahrung mit diesen Menschen gelernt hast für dich, über dich und über das Leben.

Entscheide dich bewusst für ein großes Ja zu dir und deinem Leben

Viele Menschen haben schon sehr früh ein Nein zu diesem Leben in diesem Körper gedacht oder ausgesprochen, ein Nein, das ihnen heute nicht mehr bewusst ist. Dieses Nein ist für viele Misserfolge und Enttäuschungen im Laufe des Lebens verantwortlich und wirkt ungebrochen auch nach Jahrzehnten wie eine eingebaute innere Bremse, wenn es nicht bewusst gemacht und zurückgenommen wird. Stell dir einen Vogel vor, der morgens nervös herumflattert, sich an den Kopf fasst und vor sich hinmurmelt: »So ein Mist, schon wieder ein Tag, an dem ich die ganze Zeit singen und Futter suchen muss!« Ein verrücktes Bild, aber genau das denken viele Menschen jeden Morgen: »Ich muss aufstehen, ich muss arbeiten … «

Erforsche, wann du dich damals, vielleicht schon sehr früh, gegen das Leben entschieden hast. Manche Kinder tun dies schon zu Beginn ihres Lebens, andere in besonders schwierigen Situationen, wenn sie sich allein und verlassen fühlen, etwa bei einem Krankenhausaufenthalt in früher Kindheit.

Wenn du wirklich leben willst, dann triff eine neue Entscheidung. Entscheide dich für ein grundlegendes Ja zu diesem deinem Leben, beispielsweise mit folgender Erklärung:

»Heute bin ich bereit, meine ganze Verantwortung zu übernehmen für alle Entscheidungen meines Lebens, insbesondere für alle
Nein-Entscheidungen, alle Urteile, die ich fällte, mir selbst und dem
Leben gegenüber. Ich würdige und segne diese Entscheidungen und
alle Erfahrungen, die ich hierdurch gemacht habe – und heute entscheide ich mich neu: Ich entscheide mich heute für ein kraftvolles Ja,
für ein Ja zu mir selbst und zu diesem meinem Körper, für ein klares
Ja zu mir als Frau oder als Mann, für ein kraftvolles Ja zu diesem
meinem Leben hier auf dieser Mutter Erde. Ja, ich will leben und ich
öffne mein Herz für die Liebe zu mir selbst und die Liebe zum Leben.
So sei es und so ist es!«

Erforsche den kritischen Denker in dir

Die meisten Botschaften, die ein Kind von Eltern, Erzieherinnen und Lehrern erhält, sind kritische, negative Aussagen über das, was es nicht tun und sein soll. Das Kind übernimmt das kritische Denken der Erwachsenen über sich und wird zum Selbstkritiker.

 Erinnere dich mit einem Stift in der Hand und ein paar Blättern Papier: Was haben meine Eltern damals an mir kritisiert? Wie sollte oder durfte ich nicht sein, was durfte ich nicht tun? Wofür haben sie mich bestraft? Was war ihnen an mir ein Gräuel? Welche Sprüche habe ich häufig zu hören bekommen in meiner Kindheit und Jugend? Und wie habe ich mich oft selbst beschimpft oder kritisiert? Was mag ich bis heute nicht an mir? Was möchte ich am liebsten abstellen? Was verurteile ich an mir?

Erforsche sehr genau die Sprüche, Mahnungen, Verurteilungen deines eigenen inneren Denkers, Kritikers und Miesmachers. Hör auf damit! Beginne neue Gedanken über dich zu denken. Vergib dir selbst, was du dir angetan hast, nur weil du damals wirklich geglaubt hast, deine Eltern oder Lehrer hätten recht, als sie dich verurteilten.

Öffne dich für Veränderungen in deinem Leben und lass dich führen

Viele Menschen wünschen sich eine Veränderung, sei es im Beruf, in ihrer Partnerschaft oder bezüglich der Wohnsituation. Diese Unzufriedenheit mit dem jetzigen Zustand ist gut, weil sie ein Antrieb ist. Wenn das auch bei dir der Fall ist, zerbrich dir nicht den Kopf darüber, was und wie du die Situation verändern sollst. Dein Kopf kennt den Weg in der Regel nicht. Er hat nur Informationen über das Vergangene.

Aber in deinem Herzen ist das Wissen über deinen Weg schon vorhanden und dein Herz will dich führen. Solange du es mit Denken versuchst, kann es dich jedoch nicht führen. Je mehr Frieden du machst mit dem, was bisher war, und das Geschenk der Erfahrung darin erkennst, desto mehr **IMPULSE** und **WEGWEISER** aus deinem Inneren erhältst du. Und du bekommst auch Hinweise im Außen, wohin das Leben dich jetzt führen will.

Du hast die bisherige Erfahrung gebraucht, aber je länger du sie verurteilst und mit ihr haderst, desto länger lässt das Neue auf sich warten. Sage in einer Minute der Stille: *»Ich öffne mich für Veränderung in meinem Leben und bin bereit, mich führen zu lassen im Sinne meines Herzens. Danke für alles, was jetzt kommen will.«* Lass dir Zeit, vertraue und runde das Bisherige innerlich ab: Komm in Frieden mit deinem Herzen und schneide dich nicht abrupt von ihm ab.

Geistige Bewegung hält den Körper beweglich

Wenn du viel Sport treibst, ob beim Laufen, im Fitnesscenter oder etwas anderes, frag dich: »Tu ich das aus Liebe zu mir selbst und zu meinem Körper? Oder tu ich das, um … zu …?« Sieben Millionen Menschen in Deutschland gehen ins Fitnesscenter, Millionen joggen oder treiben einen anderen Sport. Das Motiv heißt oft: »Ich möchte gut aussehen, attraktiv sein, fit sein.« Viele von ihnen werden gestoppt durch Zerrungen und andere Verletzungen im Bewegungsapparat, besonders an den Gelenken und Bändern. Die Ursache: Sie malträtieren ihren Körper ohne Liebe und ohne Bewusstsein für die Zusammenhänge zwischen Geist, Seele und Körper. Wenn du Sport treibst, mach es nur, wenn es dir größte Freude verschafft, mach es MIT LIEBE ZU DEINEM KÖRPER UND ZU DIR SELBST, weil es dir ein Genuss ist, und nicht, um k(r)ampfhaft etwas damit im Außen zu erreichen.

Höre auf deinen Körper, sprich mit ihm, er versteht dich. Danke ihm für sein Dienen. Dein Körper wird geformt durch die Qualität deines Geistes. Wer sich geistig nicht in die Liebe zu sich selbst als Frau, als Mann und zu seinem Körper bewegt, der wird in dieser Zeit des großen Wandels ausgebremst und verlangsamt, damit er wieder zur Besinnung kommt. Sei deinem Körper die beste Freundin, der beste Freund und schenke ihm das, was ihm wirklich guttut. Bewohne ihn mit Liebe, Dankbarkeit und Bewusstheit.

Warst du ein ungewolltes Kind?
Willst du dich heute selbst?

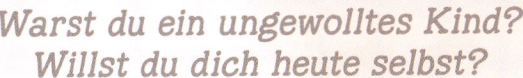

Viele Kinder waren und sind nicht geplant und viele Kinder sind nicht gewollt. Sie bekommen zu hören: »Du warst nicht geplant.« »Ich wollte nicht noch ein Kind.« »Du warst ein Fehlschuss.« Und viele erfahren, dass ihre Mutter hoffte, sie könne die Schwangerschaft abbrechen durch extrem heißes Baden, Treppenrunterspringen und härtere Maßnahmen. Auch wenn es nicht ausgesprochen wird, spürt jedes Kind, ob es als überflüssig, als fünftes Rad am Wagen oder als unerwünschte Belastung, als »nutzloser Mitesser« gesehen wird. Diese und andere Erfahrungen veranlassten uns in der Kindheit, nein zu uns selbst und zum Leben zu sagen, uns abzulehnen. Das frühe Nein zum Leben sitzt in vielen von uns und wirkt auch Jahrzehnte später noch wie eine angezogene Handbremse.

Löse diese Handbremse heute, wenn du willst, und entscheide dich neu. Entscheide dich wieder bewusst für dich und für ein Leben in der Liebe zu dir, zum Leben und zu deinen Mitmenschen. Ganz gleich, wie ungewollt du damals warst, heute kannst du dich selbst wollen!

Hinter jeder Sucht stehen »Flucht« und »Suche«

Hinter einer Sucht steht meist die Sehn-Sucht nach Liebe, Anerkennung und Wertschätzung, die der Süchtige sich selbst (noch) nicht schenken kann. Es ist zugleich die Suche nach einem Zustand des inneren Friedens, der Harmonie und der Entspanntheit oder nach einem anderen (ekstatischen) Bewusstseinszustand.

Aufrechterhalten wird die Sucht durch die Flucht vor dem bejahenden Fühlen von Scham, Schuld, Ohnmacht, Angst, Neid, Eifersucht, Trauer und anderen. Es sind die Gefühle des kleinen Kindes in uns. Nur Schmerz und Verzweiflung werden wahrgenommen.

Für seine Sucht darf der Süchtige seine SCHÖPFER-VERANTWORTUNG (nicht die »Schuld«) übernehmen. Aber wann er das kann, liegt nicht in unserem Ermessen und ist ausschließlich seine Angelegenheit. Er hat sich unbewusst für diesen Weg entschieden und dieser sein Weg verdient Respekt und Wertschätzung. Be- und verurteile nicht den Weg, den jemand geht, denn du weißt nicht um alles, was in ihm steckt. Du gehst nicht in seinen Schuhen.

Mitleid oder die Etikettierung als »Kranker« helfen ihm in keiner Weise, sondern schwächen ihn und verstärken seine Gefühle von Scham und Versagen. Bist du mit einem Menschen zusammen, der von etwas im Außen abhängig ist, ob von Heroin, von Alkohol oder von Spielautomaten, der an Esssucht oder einer anderen Sucht leidet, ist das kein Zufall. Denn es gibt keine Zufälle.

Dieser dir nahestehende Mensch spiegelt dir etwas. Wenn dein Partner, dein Sohn, deine Tochter an einer Sucht leidet, frage dich: »Und wovon bin ich selbst abhängig, wo bin ich nicht frei? Was glaube ich zu brauchen oder was fehlt mir scheinbar zum Glücklichsein? Darf ich selbst schwach sein?«

Viele Frauen mit einem trinkenden Mann hatten in der Kindheit einen Vater, der schwach oder leidend war, der dem Mädchen leidtat. Und das Mädchen wollte Papa helfen. Später, als erwachsene Frau, zieht es fast immer Männer an, die innerlich leiden und sich hiervon oft durch eine Sucht ablenken. Auch umgekehrt werden Männer mit einer solchen Erfahrung zu Frauenkümmerern und -rettern.

Schau dir deinen eigenen Schmerz und dein in der Kindheit gebrochenes Herz an und geh den Weg der Heilung. Lenk dich nicht durch deinen süchtigen Partner von dir selbst ab. Die Sucht selbst ist nicht das zentrale Problem, sondern die Gefühle, an denen das Kind in uns glaubt, sterben zu müssen, würde es sie noch einmal fühlen.

»Fühle mit Liebe den Schmerz und heile das Herz des Kindes in dir.«

Entdecke deine Lebensaufgabe

Wem dienst du, wem dient dein Leben? Dienen hat nichts mit Kleinmachen, Unterwerfen, es anderen recht machen zu tun. Du kamst mit Absicht hierher, aus dem Geist in diesen Körper. Du bist einzigartig und höchst wertvoll, auch wenn du es vergessen hast. Deine Lebensaufgabe ist es, deine Gabe, deine Geschenke in die Welt zu geben und im besten Sinne zu dienen.

Dein Herz zeigt dir den Weg zu dem strahlenden JUWEL, das du bist, und zu den in dir liegenden Gaben, Talenten und Schätzen, die darauf warten, entdeckt und in die Welt gegeben zu werden. Dein Herz ist auf Freude und Liebe geeicht, auf Mitgefühl und Vergebung, auf Verbindung und Gemeinschaft mit anderen. Entscheide dich, den Weg des Herzens zu gehen, und kümmere dich um das Wesentliche. Das Wesentliche ist immer unsichtbar und liegt im Inneren. Höre auf, dein Herz zu verraten, und nimm dir jetzt Zeit für dich und die Kernfragen deines Lebens. Dein Herz weiß um deine Lebensaufgabe, um deine GESCHENKE an die Welt. Sie offenbaren sich auf dem Weg der Liebe, der Treue zu deinem Herzen und der Verbindung mit anderen in der Gemeinschaft.

Nimm deinen Thron wieder ein

Erinnere dich an das großartige, herrliche Wesen, das du bist, an dein ewiges, göttliches ICH-BIN. Du bist weit, weit größer, mächtiger, liebenswerter und Ehrfurcht gebietender, als du dir vorstellen kannst. Kannst du dich vor dem Spiegel vor dir selbst, vor deiner Schönheit und Göttlichkeit verneigen, die jenseits deiner Falten liegt?

Als Kind hast du dich selbst hinunter gedacht, abgewertet und die Urteile anderer über dich geglaubt und übernommen: »Du bist nicht brav, sauber, still, ordentlich, fleißig, gehorsam, talentiert, schön, liebenswert … genug.« Solche Selbstverurteilungen und Selbstentwürdigungen prägen bis heute die tiefsten Überzeugungen der Menschen über sich selbst. Sie sind zugleich Teil des Massenbewusstseins, des allgemein verbreiteten Menschenbildes, das die Grundlage für die Führung und Behandlung von Menschen in Schule, Ausbildung und später im Beruf bildet.

Wir wiederholen die Erfahrung des Mangels immer und immer wieder, solange wir diese Schuld, Scham, Kleinheit, Misserfolg, Angst und Geldprobleme erzeugenden Überzeugungen nicht aufdecken, sie uns bewusst machen und unsere Verantwortung hierfür übernehmen; solange wir nicht bereit sind, die hierdurch erzeugten Gefühle liebend, bejahend fühlend in unser Herz zu nehmen und zu verwandeln; solange wir nicht jeden Aspekt an uns annehmen und lieben.

Jede Partnerschaft verdient es, gewürdigt zu werden

Es gibt keine »falschen« Partner, denn das Leben kann sich nicht irren. Wir werden auf völlig sinnvolle Weise zusammengeführt und ziehen gleichzeitig unbewusst immer den richtigen Menschen an, den wir jetzt brauchen, um zum einen die Erfahrungen mit ihm zu machen, die wir machen. Ob schöne oder schmerzhafte, beide Arten sind – aus Sicht unserer Seele – gleich wertvoll, auch wenn unser Kopf bei den letzten oft sagt: »Das hätte ich mir auch sparen können.« Zum anderen ist der Partner der richtige, damit wir etwas Wichtiges über uns und in uns erkennen, um innerlich zu wachsen und zu reifen und – im Falle der schmerzhaften oder enttäuschenden Erfahrungen – etwas in uns heilen zu lassen und uns für einen neuen Weg mit uns zu entscheiden.

Wer mit seinem Expartner noch innerlich im Krieg liegt, mit ihm und sich selbst noch hadert, grollt und ihn und sich noch verurteilt, der geht noch mit einer unverheilten Wunde durch die Welt und läuft Gefahr, diese oder eine ähnliche Erfahrung noch einmal zu machen. Wer beispielsweise betrogen wurde, darf fragen: »Wo lebe ich nicht meine Wahrheit, sondern betrüge mich selbst?« Wer Schläge oder verbale Gewalt erlebte, frage sich: »Mit wem in meiner Kindheit und Jugend habe ich das schon einmal erlebt und habe ihm das noch nicht vergeben?«

Du bist einzigartig und wertvoll

Die meisten Menschen leben ein Leben als Kopie, weil sie sich nie die Zeit und den Mut nahmen zu erforschen, was ihr Herz ihnen rät in Bezug auf Leben, Beruf, Beziehungen, Wohnort … Jeder Mensch möchte etwas ganz Eigenes in die Welt geben, weil jeder Mensch etwas ganz Eigenes ist. Wenn wir dieses Eigene finden, jubelt unser Herz – dies ist der Schlüssel zum Glück.

Finde dein EIGENES in dir! Erforsche dein Inneres, höre auf Impulse, folge der Sehnsucht deines Herzens und mach dein eigenes Ding hier in diesem Leben. Du bist nicht hier, um die Erwartungen der anderen zu erfüllen, schon gar nicht die Erwartungen und Wünsche deiner Eltern.

Um die Stimme deines Herzens zu hören und zu verstehen, darfst du dir immer wieder, am besten regelmäßig, Zeit nehmen, um still zu sein. Nichts tun, einfach dasitzen oder liegen, in den Himmel schauen, auf einen See, tagträumend. Hier hat deine Seele, hat dein Herz Raum, mit dir zu sprechen. Du empfängst Ideen, du erinnerst dich an Träume von früher, es denkt Neues in dir. Nach einer solchen Phase des Stillseins schreibe auf, welche Impulse du wahrgenommen hast, und geh ihnen auf den Grund.

Wie bewusst lebst du?

Unbewusstheit ist die erste Ursache für die Erschaffung von Mangelzuständen. Frage dich selbst: »Lebe ich ein Leben in großer Bewusstheit? Ist mir am Morgen nach dem Aufwachen bewusst, wozu ich lebe und wozu ich überhaupt aufstehe an diesem neuen Morgen? Ist mir der Sinn meines Lebens bewusst und lebe ich danach? Wie stark ist in mir die Sehnsucht oder der Wunsch nach einem Leben von großer Bewusstheit, Achtsamkeit und Aufmerksamkeit? Wie könnte ein solches Leben aussehen? Wie würde es sich anfühlen für mich?« Die meisten Jahre unseres Lebens, oft fünf Jahrzehnte oder mehr, leben wir, ohne zu wissen, wer wir sind und was wir hier wollen. Wir stellen uns diese zentrale Frage nicht. Unser Leben ist wie ein Schiff ohne Steuer, das auf dem Meer sinnlos herumschlingert. Von den anderen übernehmen wir die Unbewusstheit, die Routine des »Normalmenschen«, was man tut und was man nicht tut. Wir versuchen, über die Runden zu kommen, machen es anderen recht, damit wir von ihnen gemocht oder geliebt werden. So leben wir ein Leben in tiefem Schlafzustand, auf oft hohem materiellem Niveau, das in einem Gefühl der Sinnlosigkeit und Erschöpfung enden muss.

In diesen Zustand geraten alle, die sich weigern, ihrem Leben einen Sinn zu geben, die sich auf das nicht von Sinn erfüllte Machen und Tun konzentrieren, die Signale ihres Körpers und ihrer Psyche ignorieren und glauben, »irgendwie« ginge das schon so weiter.

Nimm dir jetzt Zeit für BESINNUNG, Zeit, um nach innen zu gehen, um dich durch dein Herz daran erinnern zu lassen, wozu du herkamst. In deinem Herzen ist alles Wissen um dich und deinen LEBENSSINN gespeichert. In ihm findest du deine Antworten. Es sehnt sich danach, dass du bewusst, liebend und freudig durch deine Tage gehst, deinem Inneren Aufmerksamkeit schenkst und mehr und mehr entdeckst, was für ein herrliches, großartiges, schöpferisches und liebendes Wesen du von Natur aus bist.

Das Leben hält jeden Tag Geschenke für dich bereit

Den wenigsten Menschen ist klar, dass das Leben sie ununterbrochen beschenkt. Viele konzentrieren sich auf das, was sie nicht haben, und vergleichen sich oft mit anderen. Dies führt automatisch ins Land des Mangels. Wer sich die Geschenke des Lebens bewusst macht, die er täglich erhält, der geht mit Dankbarkeit durchs Leben, der nährt in sich das Bewusstsein eines reichen Menschen und er zieht die Fülle in sein Leben.

Mach dir bewusst, worauf du dich in deinem Denken konzentrierst. Wie oft denkst du Gedanken wie: »Das fehlt mir und jenes fehlt mir«, »Das da hätte ich auch gern«, »Anderen geht es viel besser als mir«, »Mir fehlt so viel in meinem Leben«?

 Nimm dir jetzt ein Blatt Papier zur Hand und schreib auf, was du in den letzten Tagen alles vom Leben geschenkt bekommen hast. Liste alle kleinen wie großen Dinge auf, die du genutzt und benutzt hast, an denen du dich erfreut hast, wie dein Bett, dein Kühlschrank, deine warme Dusche, dein Computer, die Sonnenstrahlen …

Höre auf, die Welt verändern oder retten zu wollen

Wer glaubt, die Welt oder die Menschen verändern oder retten zu wollen, hegt noch viele Neins in seinen Gedanken. Er verurteilt die Welt oder seine Mitmenschen als »nicht gut genug«. Dahinter versteckt sich eine Selbstverurteilung oder Überheblichkeit (nach dem Motto »Ich selbst bin ja schon weiter …«).

Wenn du denkst, »diese Welt sollte friedlicher sein« oder »die Menschen sollten liebevoller miteinander umgehen«, kämpfst du innerlich gegen sie und lehnst sie ab. Die Welt und die Menschen sind jetzt genau so, wie sie sind. Warum? Weil sie jetzt so sind.

Aus LIEBE, ANNAHME, VERSTEHEN, WERTSCHÄTZUNG, WÜR-
DIGUNG und ANERKENNUNG dessen, was jetzt ist, insbesondere auch in dir selbst und in deiner persönlichen Welt, wird eine neue Menschheit und eine neue Erde geboren. Fang heute damit an. Sage heute ja! Zu etwas in dir und in deinem Leben, was du bisher ablehnst, beispielsweise deine Härte, Unordnung, Erschöpfung, Misserfolge, Enttäuschungen, Inkonsequenz, Faulheit und alle Gefühle wie Neid, Ohnmacht, Wut, Trauer. Sprich zu diesen Energien in dir:

»Ihr dürft in mir sein. Ich darf so sein, wie ich bin, und ich liebe mich damit. Ich öffne mein Herz für diese Seite in mir und nehme meine Urteile mir gegenüber zurück.«

Hier finden Sie eine kleine Auswahl der über 100 CDs von Robert Betz - erschienen im Robert-Betz-Verlag:

Vorträge:

Mich selbst lieben lernen

Erkenne Dich in den Spiegeln deines Lebens! Die Spiegelgesetze verstehen und anwenden lernen

Raus aus den alten Schuhen! Wie du ein neues Leben erschaffst

Angst, Wut, Schmerz u.a. in Freude verwandeln. Vom Umgang mit unangenehmen Gefühlen

Glücklich in einem gesunden Körper - ein Leben lang. Deinen Körper ehren, heilen, lieben und genießen

Wie Frauen und Männer zu sich und zueinander finden

Bring Ordnung in dein Leben

Themenspezifische Meditationen

Morgenmeditationen von der Insel der Liebe, Lesbos

Frieden mit meinen ›Arsch-Engeln‹

Negative Gefühle in Freude verwandeln.

Bring frischen Wind in deine Partnerschaft

Eltern helfen ihrem Kind und sich selbst

Deinen Körper durch Liebe heilen

Meine Mutter und ich. Begegnungen mit ihr für Freiheit, Frieden und Heilung

Mein Vater und ich. Begegnungen mit ihm für Heilung,
Frieden und Freiheit
Befreie und heile das Kind in dir. Geführte Meditation zur
Verwandlung deines inneren Kindes
Nimm deinen Thron wieder ein! Meditationen, die dich
in deine wahre Größe führen

Bücher von Robert Betz

»Willkommen im Reich der Fülle«, Heyne 2015
(SPIEGEL-Bestseller)
»Wahre Liebe lässt frei« Heyne 2014 (SPIEGEL-Bestseller)
»Willst du normal sein oder glücklich?« Heyne 2011
(SPIEGEL-Bestseller)
»So wird der Mann ein Mann« Integral 2010
»Zersägt eure Doppelbetten« Ansata 2010
»Der kleine Führer zum großen Erfolg« Verlag Robert Betz 2010
»Raus aus den alten Schuhen« Integral 2008

Alle Bücher und CDs sind im Handel sowie im Robert Betz Online Shop
unter www.robert-betz-shop.de erhältlich. Ausführliche Informationen zu
allen Vorträgen, Seminaren, Ausbildungen und zu den Publikationen von
Robert Betz finden Sie unter www.robert-betz.com. Wenn Sie regelmäßig
per E-Mail Newsletter über Robert Betz informiert werden möchten, tragen Sie sich bitte auf der Website ein, oder fordern Sie den Katalog an.

Impressum

© 2015 GRÄFE UND UNZER VERLAG GmbH, München
Alle Rechte vorbehalten. Nachdruck, auch auszugsweise, sowie Verbreitung durch Bild, Funk, Fernsehen und Internet, durch fotomechanische Wiedergabe, Tonträger und Datenverarbeitungssysteme jeder Art nur mit Genehmigung des Verlags.

Projektleitung: Birgit Reiter
Lektorat: Petra Kunze
Bildredaktion: Henrike Schechter
Layout- und Umschlaggestaltung: independent-Medien-Design, Horst Moser, München
Herstellung: Petra Roth
Satz: L42 Media Solutions, Berlin
Lithos: Longo AG, Bozen
Druck und Bindung: Longo AG, Bozen

ISBN: 978-3-8338-4814-8
2. Auflage 2015

Die GU-Homepage finden Sie im Internet unter www.gu.de

Bildnachweis

Cover und Umschlag: Jenny Meilhove, Getty Images
Illustrationen:
Fotolia: S. 6, 15, 17, 27, 30, 35, 37, 38, 45, 49, 60, 62/63, 69, 73, 76, 85, 87, 90, 92, 136
istock: S. 2, 13, 18, 43, 46, 54, 107, 112, 119, 137, 143, 150, 153
shutterstock: S. 8, 21, 22, 24, 32, 40/41, 43, 50, 57, 67, 79, 80, 97, 98, 101, 102, 110, 114, 121, 124, 128, 134, 147, 155
Grafische Elemente: shutterstock

Syndication: www.jalag-syndication.

Liebe Leserin, lieber Leser,

haben wir Ihre Erwartungen erfüllt? Sind Sie mit diesem Buch zufrieden? Haben Sie weitere Fragen zu diesem Thema? Wir freuen uns auf Ihre Rückmeldung, auf Lob, Kritik und Anregungen, damit wir für Sie immer besser werden können.

GRÄFE UND UNZER Verlag
Leserservice
Postfach 86 03 13
81630 München
E-Mail:
leserservice@graefe-und-unzer.de

Telefon: 00800 / 72 37 33 33*
Telefax: 00800 / 50 12 05 44*
Mo–Do: 8.00–18.00 Uhr
Fr: 8.00–16.00 Uhr
(* gebührenfrei in D, A, CH)

Ihr GRÄFE UND UNZER Verlag
Der erste Ratgeberverlag – seit 1722.

www.facebook.com/gu.verlag

GRÄFE
UND
UNZER

Ein Unternehmen der
GANSKE VERLAGSGRUPPE